U0483806

保险严选指南

力哥说理财

力哥 荔小宝 / 著

中信出版集团 | 北京

图书在版编目（CIP）数据

保险严选指南 / 力哥, 荔小宝著. -- 北京：中信出版社, 2021.4
（力哥说理财）
ISBN 978-7-5217-2427-1

Ⅰ.①保… Ⅱ.①力…②荔… Ⅲ.①保险—中国—通俗读物 Ⅳ.①F842.6-49

中国版本图书馆CIP数据核字（2020）第217503号

保险严选指南
（力哥说理财）

著　　者：力哥　荔小宝
出版发行：中信出版集团股份有限公司
　　　　　（北京市朝阳区惠新东街甲4号富盛大厦2座　邮编　100029）
承　印　者：天津丰富彩艺印刷有限公司

开　　本：880mm×1230mm　1/32　　印　张：6.75　　字　数：100千字
版　　次：2021年4月第1版　　　　　印　次：2021年4月第1次印刷
书　　号：ISBN 978-7-5217-2427-1
定　　价：39.00元

版权所有·侵权必究
如有印刷、装订问题，本公司负责调换。
服务热线：400-600-8099
投稿邮箱：author@citicpub.com

目 录

引言　保险的前世今生 /V

第一章　不懂这些，千万别投保

保险是什么？它有什么用？　/3
保险这么多，怎么分类？　/6
哪些保险一定要买？　/13

第二章　如何科学配置保险方案？

一年应该花多少钱买保险？　/41
家里那么多人，应该先给谁买？　/44
家庭顶梁柱，怎么买保险？　/46
全职太太，如何优化保险方案？　/52

只花一千元，就能给孩子配好保险？ / 56
家有老人，怎么花最少的钱解决保障问题？ / 60
为什么理财型保险那么招人厌？ / 64

第三章　如何避免保险理赔纠纷？

投保前要不要先去做体检？ / 73
保险公司的健康告知问卷，怎么填最聪明？ / 78
如何快速看懂一份保险合同？ / 83
受益人怎么填最稳妥？ / 89

第四章　几个不为人知的投保省钱秘诀

买保险一定要挑大公司、大品牌才靠谱吗？ / 97
除了代理人，还有什么渠道可以买保险？ / 107
网上的保险那么便宜，靠谱吗？ / 116
缴费期限怎么选最划算？ / 120
保险防忽悠指南 / 125

第五章　投保后的四大必备锦囊

务必妥善整理并保管保单 /133

投保后市场上出现更好的产品，
如何更新保障方案？ /140

如何理赔和退保？ /145

理赔遇纠纷，
如何与财大气粗的保险公司"对抗"？ /149

附录1　定期寿险对比评测 /157

附录2　重疾险评测 /167

附录3　百万医疗险评测 /183

附录4　意外险评测 /193

引言

保险的前世今生

想了解保险，我们就不得不从它的起源说起，看看它因何而起、因何而来、因何而发展。

自古以来，人类就不断与无情的水火抗争，与多变的天气抗争，信奉"我命由我不由天"。

在这个不断抗争的过程中，人类自然而然地萌生了应对灾害的保险思想，并形成了原始形态的保险，比如我国历代封建王朝都非常重视积谷备荒。

《礼记·王制》认为，国家如能每年将收获粮食的三分之一存起来，连续存三年，便可存够三年的粮食，即"耕三余一"。将来即使某一年因为自然灾害颗粒无收，老百姓也不会饿肚子。

另外，据史料记载，古埃及的石匠以及古罗马的军队，都曾有互助基金组织存在，这些组织向每位成员收取会费，若有会员死亡，就从中提取一部分支付该会员的丧葬费或抚恤费。

这些都是保险的雏形。

而在各类保险中，起源最早的当数"海上保险"。

人类历史的发展一直与海洋密不可分，正是海上贸易的繁荣才促使海上保险出现。

早在 11 世纪末，在意大利中部、北部城市比萨、佛罗伦萨、热那亚和威尼斯等地，就已经出现类似现代形式的海上保险。

那人类历史上第一份真正具有现代意义的保单是什么时候出现的呢？

人类历史上第一份具有现代意义的保险契约，是签订于 1384 年 3 月 24 日的一份货物保单。这张保单承保了从法国南部的阿尔兹运到意大利比萨的一批货物，被称为"比萨保单"。

为什么说它具有现代意义呢？

因为这张保单有明确的保险标的和保险责任，如海难事故、海盗、抛弃、捕捉、报复、突袭等带来的船舶及货物的损失将由承保人承担，这些跟现代保险的框架大体是一样的。

比萨保单是保海运货物的，后期自然也就诞生了以"人"为保险标的的人身保险。

人身保险同样起源于海上保险，15世纪后期，欧洲的奴隶贩子把运往美洲的非洲奴隶当作货物进行投保，如果奴隶中途遭遇意外伤害或身故，则由保险人给予经济补偿，这便是人身保险的早期形式。

第一份比较正式的人寿保险单出现在1536年的英国，当年6月18日，英国人马丁为一个名叫吉明的人承保了2 000英镑的人寿险，保险期间为12个月，保费为80英镑。

在这12个月内，如果吉明去世了，那么马丁将赔偿吉明的家人2 000英镑，如果这12个月内吉明健在，那么80英镑的保费归马丁所有。

可为什么偏偏是80英镑而不是100英镑呢？怎么才能精确地给每个人"定价"呢？

1693年，著名的天文学家哈雷以德国西里西亚勃来斯洛市1687—1691年按年龄分类的死亡统计资料为依据，编制了第一张生命表，精确显示了每个年龄的人的死亡率，提供了寿险计算的依据。

18世纪40年代，数学家詹姆斯·陶德森又根据哈雷的生命表，提出了"均衡保险费理论"，进而促进了人身保险的发展。

1762年，陶德森和辛普森共同创办了世界第一家人寿保险公司——英国公平人寿保险公司。自此以后，保险业迅速发展。

到了19世纪，保险进入现代时期，保险对象和范围不仅包括传统的财产损失和人身伤亡，而且扩展到生存保险、责任保险、信用保险和再保险等业务。越来越多的人和组织加入这个行业，为不同的保险标的提供不同的保障内容和服务。

从保险的起源与发展中我们可以得知，保险的诞生是一种必然，只要有保障需求，无论是物品还是人，就会有人为了迎合市场需求而成立一个专门的机构对这些保障需求进行承保。

从本质上看，古代的保险与现代的保险并没有太大的差异，区别只是现代保险经过这么多年的发展，品类更加丰富，整体更加规范。

时至今日，人类已经进入21世纪，保险已经和银行、证券一样，成为金融三大支柱之一，成为我们生活中不可或缺的一部分。

第一章

不懂这些，
千万别投保

保险是什么？它有什么用？

保险，其实就是一纸合同，白纸黑字写清楚了我们和保险公司之间的权利和义务。

权利和义务是对等的，作为消费者，我们的义务主要是每年要交多少钱给保险公司，以及要交多少年。相应地，保险公司的义务是保险公司要提供哪些保障，保险期间多久。这些权利义务信息，全部在保险合同里写得明明白白、清清楚楚。

简单来说，保险的作用就是当一些风险，比如意外或疾病不期而至时，我们能够凭保单找保险公司理赔一笔钱，以便应对风险。

根据不同的保障内容，我们可以把保险划分成不同的种类，比如跟我们生命直接挂钩的是寿险，跟重大疾病相关的是重疾险，跟意外事故相关的是意外险，等等，后面会给大家一一介绍。

保险作为家庭理财中的重要一环，有意思的是，一些所谓理财达人却经常把它跟理财割裂开来，单纯地认为理财仅仅是让资产保值增值，跟保险无关。

殊不知，这是误把投资当成了理财的全部内容，但投资只是理财中的一个板块罢了。

正确的理财观念，尤其是家庭理财，第一步是留出紧急备用金以备不时之需，第二步是购买合适的商业保险以构建家庭财务保障体系，之后才有资格考虑投资赚钱的事。

这就像盖摩天大楼之前一定要把地基打好一样，否则，不管我们把它盖得多高多华丽，一旦有任何风吹草动，它都可能轰然坍塌，我们就会前功尽弃。

因此，保险可以说是我们家庭理财体系中不可或缺的一块核心基石，当你觉得保险不是当务之急可以慢慢来的时候，可能风险已不期而至。当厄运真的降临，你才幡然醒悟，悔不当初，意识到保险的重要性，却为时已晚，因为你已经不符合保险公司的投保要求了。

这样的悲剧在我们的生活中已经发生太多次了，每次说起来都让人不禁发出一声叹息。

在后面的章节，我会把跟我们关系最密切的保险知识，用尽可能简洁易懂的语言，进行系统性的阐释和讲解。

请相信，读完这本书，你一定会对保险有一个全面的认知，今后买保险就能买得明明白白、清清楚楚，绝对不会被保险业务员牵着鼻子走。

俗话说，"饭要一口一口吃，路要一步一步走"，下面我们先来了解一下保险的功能。

保险的底层功能是保障，升级功能是责任。

先来看保障，保障什么？保障自己将来的生活不会被突如其来的灾难打入"十八层地狱"。

相信大家都听说过一句话，"幸福的家庭都是相似的，不幸的家庭各有各的不幸"。

有很多家庭都因病致贫或者因病返贫，当不幸来临的时候，他们只能卖车卖房筹款治病，甚至连累家人背上一屁股债。

如果能早早打算，提前给家人配置好保险，这些风险就可以转嫁给保险公司了，两种不同的选择导致的最终结果简直是天壤之别！

再说责任，谁的责任？你的责任！你对谁的责任？你对家庭的责任!

如果你上有七旬老母要赡养,下有三岁小儿要抚养,旁边有全职带孩子的太太,背上还有几十万元甚至上百万元的房贷要你慢慢还,这时你突然撒手人寰了,那么倚仗着你的收入来生活的这一大家子人要怎么活下去?更何况他们还是这个世界上你最亲最爱的人。

你如果是这种家庭状况,明知自己责任重大,却心存侥幸,不给自己配置足额的保障,就跟开车不系安全带以生命为赌注的赌徒没有什么区别。

所以,如果不想自己和家人的幸福生活被意外和不可预知的疾病打断,我们就要提前规划,尽早根据实际的经济状况进行科学的保险配置,防患于未然。

这就是保险的作用,它能保障我们和家人的生活不被突如其来的风险扰乱甚至颠覆。

保险这么多,怎么分类?

通过前文的讲解,大家对保险应该有基本的认识了,了解了它的作用也认识到它对家庭财务的意义，知道它能防止我们被突如其来的风险打入"十八层地狱"。

可是市场上的保险产品那么多，我们该如何选择适合自己的呢？

一些之前没怎么接触保险的人，可能会误以为自己只要买了一份保险，就能保障一生。这么想就太天真了，且不说目前还没有一家保险公司的产品能做到如此全面，即便真有，力哥相信绝大部分人也是负担不起的。

保险作为一种金融工具，为了满足不同人的需求，被定制成数以万计、各种各样的产品。比如有的只保汽车，那就是车险；有的只保癌症，那就是防癌险；有的只保人的寿命，那就是寿险……

我们作为消费者，需要做的就是在众多保险产品中挑选适合自己的，用尽可能少的资金换取尽可能多的保障。

因此，接下来的这部分内容我们重点讲讲如何给保险分类，以帮助我们高效地挑选合适的产品，以便后期我们进行家庭保障规划的时候更加得心应手。

保险的分类有很多种，这里介绍几种比较常见的分类。

1. 按照保险的性质划分

用这种方式分类,我们可以把保险分为社会保险、商业保险和政策性保险。

(1) 社会保险

它指的是国家为了推行某种社会政策,增进某种福利,通过国家立法的形式实施的一种强制性保险。比如大家熟知的"五险"就是社会保险,包括养老保险、医疗保险、工伤保险、失业保险以及生育保险。

由于是强制性的,所以这类保险是我国目前普及率最高的保险。

(2) 商业保险

商业保险是指签订保险合同,以营利为目的的保险形式,由专门的保险企业经营的保险。

投保人和保险公司签订保险合同,约定好双方的权利和义务,比如投保人要每年按时缴费,保险公司则负责在发生事故的时候赔付,帮助被保险人渡过难关。

商业保险跟社会保险最主要的区别是，社会保险具有一定的强制性和福利性，而商业保险是市场行为，商业保险公司的创立是以营利为目的的。

当然，不要看到"营利"二字就觉得商业保险不好，商业保险的出现给保险市场注入了活力，保险公司要想在市场上立足，就必须根据市场的需求开发出保障更全面、价格更便宜的产品。

因此，在品类多样性方面，商业保险是社会保险无法比拟的。

（3）政策性保险

政策性保险应该是大家接触比较少的一类保险，指政府通过政策的推动，利用保险的机制，以达到某种政策目的的保险形式。

政策性保险和商业性保险的最大区别就在于，商业保险是为了追求利润，而政府推动的政策性保险是利用保险机制达到某种政策性的目的，比如，农业保险和出口信用保险都属于政策性保险。

2. 根据保险的标的进行划分

通过区分不同的保险标的，我们大致可以把保险划分为人身保险和财产保险。

（1）人身保险

顾名思义，它是以人的寿命和身体为保险标的的保险，包括人寿保险、健康保险以及意外伤害保险。

人身保险中的人寿保险，是以人的寿命为保险标的的保险，包括定期寿险、终身寿险、生存保险、生死两全寿险等。

健康保险的标的是我们的人身健康，常见的有重大疾病保险、医疗保险、失能收入损失保险，以及护理保险等，被保险人如果因健康原因导致经济损失，保险公司就给付一定的保险金进行赔偿。

意外伤害保险是指因发生意外事故致使被保险人死亡或者残疾，由保险公司按照保险合同的约定，向被保险人或受益人给付保险金的保险。

判断某个事故是否属于意外，我们只需要看它是否符合四点,即"突发的、外来的、非本意的、非疾病的"。比如,交通事故大多属于意外,而感冒不属于,因为感冒属于疾病。

(2) 财产保险

财产保险以法人或自然人所拥有的各种物质财产和有关利益为保险标的,因发生事故导致财产的损失,则以金钱或实物进行补偿的一种保险。

财产保险包括财产损失保险、责任保险和信用保证保险。

实际上,财产保险的概念有广义和狭义之分。广义的财产保险包括财产损失保险、责任保险、信用保险、保证保险;狭义的财产保险,我们可以简单把它称为财产损失保险。

在日常生活中,我们所接触的财产保险一般指保障家庭财务或房屋坍塌损坏的家财险,以及保障汽车的车险。

3. 根据是否具有理财功能分类

保险从诞生至今,在单纯给各种标的提供保障的基础上，又衍生出资产保值、增值的功能。

根据是否具有理财功能，保险常被分为保障型保险和理财型保险。

简单来说，保障型保险只负责保障，是保险最初最纯粹的形态。而理财型保险是在保障风险的基础上，额外增加了资产的保值增值功能。有的保险只有理财功能，不提供任何人身保障。

分红险、万能险这类具有理财功能的产品，往往会搭配一些保障型的产品，比如寿险、重疾险等。这样，在保障身故和重大疾病风险的时候，我们所缴的保费就有了一定的保值或增值功能。

而纯理财型的产品，如年金险、教育险、养老险，则可以被单独当作一种"理财产品"看待。

至于理财险过去为什么那么招人厌，力哥会在第二章专门讲解。

其实，万变不离其宗，只要掌握保险的这三种分类方式，以后不管遇到什么类型的保险产品，我们都能迅速地进行归类，迅速地判断某一款保险产品能否为我们所用。

哪些保险一定要买？

现代保险业从大类上划分，主要分为人身保险和财产保险。我们分别了解一下，在我们的一生中我们需要配置的险种，看看它们的保障功能是什么，看看它们对我们的财务及生活有什么样的意义。

1. 人身保险

（1）寿险

力哥第一个想分享的是寿险，因为它对一个家庭来说意义重大。

下面我们主要从三个方面进行讲解：寿险是什么？如何确定寿险的保额？哪一种寿险更适合大家？

寿险，是人寿保险的简称，这是一种以人的"生死"为保险标的的保险。简单来说，就是去世了就赔钱，一般包括疾病身故、意外身故和自然身故。

力哥之所以先给大家讲解寿险，是因为它是家庭责任的体现，对家庭经济支柱而言尤其重要。

家庭的经济支柱万一在还需要偿还房贷、抚养孩子的壮年时不幸撒手人寰,虽然人死不能复生,但活着的配偶、孩子和父母还能从保险公司获得一大笔保险赔偿金。

有了这笔钱,家人今后还房贷和孩子上学的钱就有了,一家人的生活还能正常进行下去,不至于在情感上遭受重创后,在物质生活上受到二次打击。

所以寿险的实用性是毋庸置疑的,哪怕你现在收入不高,只要身上背负了这些家庭责任,就一定要趁早配置。

那我们在给自己购买寿险的时候,应该选择多少保额最合适呢?

这里先介绍一下"保额"的概念,简单来说,保额就是当风险发生时,我们可以向保险公司索赔的金额。比如寿险的保额是100万元,如果被保险人不幸去世,保单的受益人可以向保险公司理赔100万元。

一般寿险的保额需要覆盖4个缺口。

缺口1:家庭负债,包括还没偿还的房贷、车贷、民间借贷和信用卡等其他个人欠款。

缺口2:家庭日常生活开支,一般建议预留100倍的家庭月开支,如果你们家平时一个月开支4000元,那么这部分缺口至少是 40 万元。

缺口 3：孩子未来的教育费用，孩子年龄越小，你对孩子的教育期望越高，这部分缺口就会越大。所以，这个缺口不同家庭的差异会比较大，最少可能需要 20 万元，最多可能需要 200 万~400 万元，上不封顶。

缺口 4：父母的赡养费，有的人父母生活在农村，没有固定的养老金收入，需要以自己的收入来补贴，那么就要在规划自己寿险的时候重点考虑。这部分同样按照每个家庭的实际需要预留。

这 4 个缺口金额加起来，再扣除家庭所有的流动资金，就是家庭的寿险保障缺口了。

比如 4 个缺口金额合计 200 万元，家里的银行存款、理财产品合计 50 万元，那么家庭寿险的保障缺口就是 150 万元。

搞清楚应该配置多少保额的寿险后，我们再来看看应该具体选择哪一种寿险。

寿险大体可以分成三大类：定期寿险、终身寿险和生死两全寿险。

定期寿险，顾名思义就是只保一个固定期限的寿险，比如保到 60 岁，如果 60 岁之前去世保险公司就赔钱，60 岁之后去世就不赔钱。

终身寿险是从投保之日起，不管未来被保人活到多少岁去世，保险公司都赔钱。

生死两全寿险则是被保险人在青壮年阶段不幸去世，保险公司就赔偿寿险保额，等被保险人年龄大了，身上没有那么多家庭责任了，该保险就变成了养老储蓄保险，或者在某个年龄段返还全额保费，作为养老金使用。

三种寿险，哪一种更适合大多数人呢？

一般情况下，更建议大家选择定期寿险，虽然保险期间不能覆盖一生，但它胜在价格低，可以用最少的成本获得最高的保额，而且保障期限灵活，刚好可以满足我们的需求。

作为家庭经济支柱，最需要寿险保驾护航的年龄段是 30~60 岁，一般人在这 30 年会有房贷、车贷、结婚、子女教育、给父母养老等方面的责任带来的支出，这一阶段可以是说最"压力山大"的人生阶段。

但大多数人在 60 岁之后，一般房贷都还清了，孩子毕业工作了，自己的父母可能已经离世了，这时候身上的家庭责任轻了很多，养活自己就行了，就算此时不幸撒手人寰，也不会对家庭财务造成多大的影响，所以有没有寿险就没那么重要了。

所以，买寿险的关键不是保险期间要多长，而是保障的这段时间是不是我们最要紧的阶段。一般保到我们60岁左右就够了，关键是配置的保额一定要充足。

至于终身寿险和生死两全险，人总有一死，这类产品对于保险公司来说理赔概率是100%，保险公司的精算师也不是吃闲饭的，所以咱们就别想着能占保险公司的便宜了，除非去世得早，否则买这类保险一定是亏的。

寿险只跟生或死相关，只要投保的时候符合保险公司的健康要求，基本不会存在什么纠纷，这种相对比较简单的保险，我们在挑选时直接比较价格就行了。

说实话，在这么多保险品种中，寿险是最令人感到窒息的一种。因为它是唯一铁定和你本人无关的保险，当你赢了这场保险"赌局"的时候，也就是你离开这个世界的时候。

换句话说，买寿险不是因为爱自己，而是因为爱他人，爱你最爱的那些人。

所以，强烈建议以下四类人群，千万不要心存侥幸，有条件的一定要尽快为自己购买寿险。

第一类是已婚，但另一半没有工作收入或收入比较低的人。

第二类是已经离婚，并且自己一个人带孩子的人。

第三类是名下有高额房贷没有还清的人。

第四类是未婚未育，名下没有大额负债，但父母在农村没有城镇社保养老金和医疗保险的人。

（2）重疾险

如果说寿险是一个成年人对家庭负责的重要标志，那么重疾险就是一个人对自己负责的标志。

那么，重疾险到底是什么？

重疾险是重大疾病保险的简称，是指由保险公司以特定重大疾病为保障项目，当疾病确诊或达到某种状况的时候，保险公司就一次性赔付一笔钱。所谓特定重大疾病，包括恶性肿瘤、急性心肌梗死、脑中风后遗症等等。

比如，有人买了50万元保额的重疾险，不幸确诊得了癌症，就可以找保险公司一次性理赔50万元。

重疾险最大的优势是，所得的理赔款可以由我们自行支配，既可以用于治疗，也可以挪作他用，比如覆盖家庭的生活开支。

重疾险的保险理赔款主要能解决三个问题。

一是看病花费。看病就得花钱，治疗重大疾病的花费对于大多数人来说都是难以承受的，这笔钱的重要性毋庸置疑。

二是病后误工费。重大疾病可不像感冒发烧，打个针吃个药在家里睡一天觉，第二天就能元气满满地复工。一旦确诊了重疾，这个人十有八九就得躺在病床上接受漫长的治疗，就算没有一年半载，也得治疗好几个月，肯定要长期请病假，甚至会面临失业的问题。

这么一来，平日里的工作收入将会大幅下降甚至中断。如果生病的人过去没有足够多的积蓄，日常开支、孩子的教育费、每月的房贷就都成问题了。

由于重疾险的理赔款并没有限制使用范围，因此这笔赔款也可以用于解决以上问题。

三是重大疾病的康复费用。得过重疾的人，一般身体会非常虚弱，不仅要做康复训练，而且往往需要食用大量的营养品，这些都需要金钱支撑，因此同样需要重疾险的理赔款作为后援。

那这几项开支大概要花多少钱呢？

说实话，没有上限。

以目前中国的物价水平和医疗花费情况看，至少得 50 万元的重疾险保额，再低的话，就很难完全覆盖这些风险敞口了。如果有条件，建议大家多配置一些，毕竟未来还要面对通货膨胀以及医疗通胀的风险。

和寿险不同，重疾险种类繁多，有只保癌症的防癌险，也有保 100 种重大疾病的重疾险，相对比较复杂。

普通人在挑选重疾险时面临的第一个困惑就是：我到底该选择保多少种病的重疾险呢？

其实这个问题不用太操心，2007 年，中国保险行业协会与中国医师协会一起制定了《重大疾病保险的疾病定义使用规范》，其中规定重大疾病险必须包含 6 种必保重疾以及 19 种建议保障的重疾。

1. 恶性肿瘤——不包括部分早期恶性肿瘤
2. 急性心肌梗死
3. 脑中风后遗症——永久性的功能障碍

4.重大器官移植术或造血干细胞移植术——须异体移植手术

5.冠状动脉搭桥术（或称冠状动脉旁路移植术）——须开胸手术

6.终末期肾病（或称慢性肾功能衰竭尿毒症期）——须透析治疗或肾脏移植手术

7.多个肢体缺失——完全性断离

8.急性或亚急性重症肝炎

9.良性脑肿瘤——须开颅手术或放射治疗

10.慢性肝功能衰竭失代偿期——不包括酗酒或药物滥用所致

11.脑炎后遗症或脑膜炎后遗症——永久性的功能障碍

12.深度昏迷——不包括酗酒或药物滥用所致

13.双耳失聪——永久不可逆

14.双目失明——永久不可逆

15.瘫痪——永久完全

16.心脏瓣膜手术——须开胸手术

17.严重阿尔茨海默病——自主生活能力完全丧失

18. 严重脑损伤——永久性的功能障碍

19. 严重帕金森病——自主生活能力完全丧失

20. 严重Ⅲ度烧伤——至少达体表面积的 20%

21. 严重原发性肺动脉高压——有心力衰竭表现

22. 严重运动神经元病——自主生活能力完全丧失

23. 语言能力丧失——完全丧失且积极治疗至少 12 个月

24. 重型再生障碍性贫血

25. 主动脉手术——须开胸或开腹手术

到了 2021 年，监管又针对以上 25 种必保重疾做了补充、修订，不仅更新了一些疾病的定义确诊标准，而且在原来的基础上增加了 3 种重疾和 3 种轻症。

新增的 3 种重疾分别是：

1. 严重慢性呼吸功能衰竭

2. 严重克罗恩病

3. 严重溃疡性结肠炎

新增的 3 种轻症分别是：

1. 轻度恶性肿瘤
2. 较轻急性心肌梗死
3. 轻度脑中风后遗症

自 2021 年 1 月之后上市销售的重疾险产品，保险公司基本都会乖乖地把这 28 种重大疾病+3 种轻症包含进去，并且使用最新的疾病确诊要求。

所以，只要是 2021 年 1 月以后推出的重疾险，我们去翻看条款就会发现，前 28 种重疾和前 3 种轻症的定义是一样的。

那么，为什么偏偏是这些疾病？

因为这 28 种重疾和 3 种轻症的发病率特别高，以 28 种重疾为例，10 个患重疾的人里面，大概有 9 个人得的就是这 28 种重大疾病中的一种。尤其是恶性肿瘤，也就是癌症这一重大疾病，就占了所有理赔的近七成。

因此，了解这一点之后，我们在选择重疾险的时候不用过于看重产品包含的疾病数量。

如果担心患上这 28 种常见重大疾病之外的重疾,那么你选择承保大于 50 种疾病的重疾险也够了。

这里需要提醒大家的是,有些重疾险剑走偏锋,号称包含了 100 种甚至更多的重疾,其实那些罕见疾病的发病概率极低,却给保险公司大幅提高保费提供了借口,我们不要上当。

建议大家在比较市场上的重疾险时,承保同样多的疾病,保费越便宜越好;付同样多的保费,承保的疾病越多越好。但如果仅仅是因为多几十种罕见疾病就要比其他竞品贵出几百元甚至上千元,那么我们完全没必要买。

另外,重疾险发展到现在,早已不是只保病情比较严重、治愈率比较低的重大疾病了,很多产品都可以选择附加轻症和中症保障。

轻症、中症和重疾的划分标准是在当前医疗技术发展的水平下,判断该疾病是否危及生命。如果危及生命就是重疾,反之就是轻症或中症。

它们的保额低于重疾险主险,但保险期间相同。

虽然轻疾和中症的发生概率高于重疾,但治疗费用和对家庭造成的冲击远小于重疾,所以到底要不要买附带轻症和中症保障功能的重疾险，并没有标准答案。如果附带轻、中症的产品价格可以接受，选上也无妨。

除此之外，有些重疾险还设置了轻症及中症的豁免条款，这就是说，发生轻症或中症不但会额外得到一笔理赔款，而且考虑到许多病症今后有恶化成重疾的可能，会影响被保险人以后的工作收入，所以确诊轻症或中症后，投保人后续便不需要再缴纳保费，该保险合同继续保障到保障期满，比如70岁或终身。

这也是力哥建议大家选择最长缴费期限的原因之一，如果在长达30年的缴费周期中被保险人不幸罹患轻症或中症，只要附加了豁免条款，后续保费就不用交了。

缴费的期限越长，被豁免的概率越高。

这点对消费者来说是很好的，大部分良心产品都是默认自带被保险人轻症及中症豁免的，就算单独附加也多不了多少钱，建议附加上。

还有，重疾险和寿险一样，作为重要的长期保障险种，也存在到底要保障到多大年纪的问题。

年纪越大患病概率越高，年纪越大收入水平越低越需要重疾险雪中送炭，所以如果条件允许，建议大家尽量选择保终身的重疾险，预算有压力可以考虑保到70岁。

缴费方式尽量不要选择"趸缴"，而是要像还房贷一样，缴保费的时间能拖多长就拖多长！

力哥每次在公众号上一说到保险，就会有粉丝留言："力哥，什么保险是性价比最高的？什么保险是最迫切需要买的？什么保险是对我们来说最有意义的？"

其实，答案都一样。那就是用你能承受的小钱，去防范发生概率虽然不大但也不算非常小，同时一旦发生又危害特别大的风险的保险。

什么保险能同时满足这三个要素，并且是最重要的呢？

那就是重疾险，它完全符合这三条标准。

首先，买重疾险花的钱不多；其次，哪天突然被诊断出癌症也不是不可能的事，年龄越大，概率越高；最后，重疾一旦发生，整个家庭就会陷入无法扭转的悲剧中。

所以对个人来说，重疾险是所有保险中最重要的。

（3）住院医疗险

重疾险是一旦达到重疾的理赔标准，保险公司就会赔给我们一笔钱，这笔钱主要用来承担我们的医疗花费、误工费以及其他额外损失。

接下来我们讲另一个跟疾病相关的保险——医疗险。

我们一般说医疗险，特指住院医疗险，也就是近几年大家常听到的百万医疗险，它的保障功能其实和重疾险非常相似，主要也是保障疾病风险。

医疗险与重疾险相比，一个很明显的优势就是报销额度非常高，现在市场上的医疗险大多都能报销上百万元的住院花费，而且不像重疾险那样有疾病限制，不管是什么疾病，只要是合理且必要的住院医疗花费它都管，所以乍一看它是一种很"万能"的保险。

不仅如此，对于成年人而言，最便宜的长期重疾险一年也要几千元，而医疗险一年只要几百元，对比下来医疗险简直太便宜了。于是经常有人问，我们是不是可以用性价比"更高"的医疗险代替重疾险呢？

慢着，且听力哥给大家深度分析一下。

重疾险是给付型的，意思是合同约定赔多少钱就赔多少钱。而且大多都是提前给付型的，比如小明买了一个保额为50万元的重疾险，只要医院出具报告证明小明的确得了胃癌，保险公司会立马打50万元到小明的银行账户。

这就意味着我们有了选择权，比如，明知这病治不好，但还是想用这50万元去搏一搏。或者知道这病真的很难治好，但也不想就此放弃，所以先拿这笔钱治病，等到病情越来越严重，不想浪费更多钱了，就将剩下的二三十万元留给家人做未来生活之用。

又或者，知道这病肯定治不好，索性听天由命，也不用花冤枉钱天天躺在医院里受罪了，趁人生最后还有几个月的寿命，拿着这笔钱环游世界，想吃啥吃啥，想玩啥玩啥，享受人生最后的时光。

但医疗保险的理赔方式不一样，是报销型的。

对手头紧张的人来说，这意味着你得先东拼西凑把巨额医药费垫上，病看完了才能拿着发票找保险公司理赔。

不仅如此，医疗险还有3个不可忽略的问题。

首先，百万医疗险一般都有免赔额，比如免赔额为1万元，这意味着每次看病的花费经过社保报销后少于1万元不赔，普通的门诊看病和小病小灾就别想理赔了。

其次，别看医疗险的保费当下比重疾险低很多，但它的保费是随着年龄上涨的，年龄越大保费越高，等到60多岁的时候，每年都要缴纳大几千元甚至上万元，累计的总保费远远大于重疾险的总保费。

最后,医疗险的续保受制于未来不确定的医疗通胀情况,目前市面上还没有长期保证续保的普通的百万医疗险产品,大多是缴1年保1年,最好的情况也就是缴20年保20年,未来产品停售就不能续保了。这会导致一个致命的问题,万一在四五十岁,身体小毛病比较多的时候,你长期投保的医疗险突然停售了,这时候想换别的医疗险接续,那可就难了。

由此可见,医疗险是万万不能代替重疾险的。

不过反过来说也一样,医疗险虽然限制多,但对比重疾险优点也很明显,那就是短期看相当便宜。

另外,医疗险是你只要住院接受治疗保险公司就赔钱。但去医院并不一定都是因为生病,也可能是被车撞了或者被人打了,情况严重需要住院,并且花费达到一定标准,医疗险也是能赔付的。

也就是说,医疗险还包含意外导致的医疗费用,实际上它起到了一部分意外险的作用,保障范围更大。所以,重疾险也不能完全替代医疗险。

既然它们各有特色,相互不能替代,那么我们在什么情况下该买重疾险，在什么情况下该买医疗险呢？

很简单，就看我们手里的钱够不够多。

眼下收入微薄的人，想省钱就买一年几百元的医疗险，但要知道医疗险的局限性，以后有条件了一定要尽早补充重疾险。

而有一定经济基础的人，最好是重疾险和医疗险一起配置，大病小病都有保障，千万别捡了芝麻丢了西瓜。

用当下时髦的话来说，医疗险和重疾险是一对王牌搭档，千万别拆散它们，两个都配置，保障才更稳妥！

（4）意外险

前文我们分别讲了人身保险中的寿险、重疾险以及医疗险，现在我们再来说一说人身保险的最后一个险种——意外险。

有句老话说"不怕一万就怕万一"，这个"万一"指的就是意外。

人人都有发生意外的可能，不同于寿险和重疾险，消费型意外险的价格非常便宜，一年几百元的保费就能获得几十万保额的意外险，杠杆很高，老少皆宜。

力哥建议刚刚踏入社会的年轻人在买了基础的社保之后，可以先给自己配置上意外险。

接下来我们就从意外险的概念、如何确定保额、怎样挑选意外险这三方面，说一说我们如何花小钱办大事。

意外险，全名叫意外伤害保险，是指以意外伤害而致身故或残疾为给付条件的人身保险。

意外伤害按情况轻重分三种，意外身故、意外伤残以及意外医疗。

意外身故直接赔付合同规定的保额；意外伤残则根据残疾等级鉴定结果，按比例赔付保额；意外医疗最为常见，简单说就是因为意外事故导致的伤害，不管严重与否，需要去医院看病治疗的情况统统算作意外医疗，可以凭医院的票据报销。

其实说白了，意外险就是因意外事故去世进行赔付，因意外事故致残进行赔付，因意外受伤看病给予报销，有些意外保险甚至还给付住院津贴。

那么，我们该如何确定意外险的保额呢？

力哥建议一般以年收入的 5 到 10 倍来计算意外险的保额。消费型意外险的性价比很高，一份 50 万元保额的综合意外险一年不到200元,就算是预算比较紧张的家庭,也不会觉得负担特别重。

另外,建议大家选择消费型意外险,一年一买就可以。至于那种缴10年保30年最后还会返还本金的意外险就不要碰了,其中的套路我们后面会专门进行讲解。

总而言之,购买意外险相对比较简单,在确认基本信息没有问题、符合自己的需求后,在同样的保障条件下哪个便宜就买哪个。

具体来说,在挑选意外险时需要重点考察以下几点。

一是致使意外身故和伤残的条件范围够不够广。

有的产品只限定了交通意外,也就是在乘坐的交通工具上发生意外才能获得理赔,甚至有些产品还限定了公共交通意外险,如果是自己开车或者骑自行车被撞了,是不赔的。而有的是综合意外,无论在哪里发生的意外伤害都可以获得理赔。所以大家一定要看清楚了,要选择保障范围更大的。

二是意外医疗猫腻比较多。

我们在挑选意外医疗险的时候,除了要留意它的赔付额度和免赔额,还要注意它的赔付比例。力哥建议大家最好选择赔付比例为 95% 到 100% 的意外医疗险，同时还要关注意外医疗费用的报销，是否包含社保外的用药，如果包含的话就更好了。

三是我们要注意一下自己的职业，是否符合意外险的投保要求。

意外险只保意外，所以一般对健康没有什么要求，即便已经得了重大疾病，也有很多产品可以直接投保，获得保障。

但很多人没注意到的是，意外险对被保人的职业是有限制的，职业风险等级越高越不好买。

原因很简单，办公室文员发生意外的概率跟我们平时见到的在大厦外用绳索吊着清洗外墙的"蜘蛛人"相比，要低得多。

因此，一般从事 1~3 类职业的人买意外险是轻而易举的，而从事 4~6 类职业的人，则要好好挑选才行。

具体属于哪类职业，要根据保险公司的"职业分类表"确定，各家公司的标准不统一。

记住，一定要确定自己的职业符合意外险的保障要求再投保，避免以后发生不必要的纠纷。

总结一下这四种人身保险的保障内容。

寿险是只要人去世了就赔，不管是因为意外、疾病还是自然死亡。

重疾险是只要达到规定的理赔标准，就一次性赔付保额，可以是罹患重大疾病，也可以是因为意外事故导致肢体缺失、深度昏迷等。

医疗险是只要住院花费达标，就可以凭医院的票据报销，没有具体疾病的限制，无论是阑尾炎还是癌症，只要花费符合要求就能申请报销。

意外险最简单，只看是否是意外导致的事故，保障内容包括意外身故、伤残和医疗费用报销。

整体来看，一个人只要配置好以上四大险种，就足以应对一生中 90% 以上的疾病和意外风险。

2. 财产保险

现代保险业从大类上划分，主要是人身保险和财产保险，上面我们将主要的人身保险讲完了，接下来我们讲解财产保险中和老百姓关系最大的家财险和车险。

(1）家财险

家财险，全称家庭财产保险，是以有形财产为保险标的的一种保险。说白了，就是针对你房子以及屋内有形财产的意外险。

许多人会忽视家财险，觉得没用，其实保费才一百多元的家财险性价比非常高，建议大家趁早配置。

不管你名下有自住房还是出租房，建议都买一下家财险。尤其是出租房，租客不会像你那么爱惜房子，所以房子容易出各种问题，比如私拉乱接电线，就有可能造成火灾，火一烧起来，损失就大了。

我们该怎样挑选家财险呢？

有三点建议。

第一，家财险的保障范围并不都是一样的，保费也不一样，一般来说，保障范围越大的保费越高。但并不是说保障范围越大、价格越高的家财险就一定好，建议大家仔细查看每种家财险的保障范围和免责条款，在符合自家实际情况的前提下，选择性价比最高的那个。

第二，保险公司一般不保金银首饰、古董收藏这些不好鉴定实际价值的物品，如果需要对这些财物进行特别的保障，还要去买专门的财产险。

第三，一般情况下，大部分家财险会排除"地震"和"海啸"这两种自然灾害。所以如果你家那边发生地震或海啸的风险特别高，就不要买这种家财险了。

简单来说，家财险就是保障家庭房屋财产的一种意外险，根据自己想保障的内容进行挑选就好，价格不会太贵，保障我们动辄几百万的房子一年的保费也就一两百元。

（2）车险

说完家财险，我们再聊一聊车险，有车的朋友在购买车险时要注意，过去车险的坑非常多，直到2020年做了改革才变得简单了起来。

车险，全称"机动车辆保险"，是一种比较特殊的险种，可以进一步细分为很多险种，包括交强险、车损险、第三者责任险、不计免赔险、司机责任险、车上人员责任险、玻璃险、盗抢险、涉水险、自燃险、划痕险等等。

其中，交强险是必须交的，不交违法，如果交警在路上查到你的车没交交强险，可以当场扣车。

而车损险没什么好说的，也是基本配置，要注意的是，车损险的保额就是你这辆车的实际价值，而车子每年是会不断折旧贬值的，所以车损险的最高保额每年都会下降，相应的车损险保费每年也会略微降一点儿。

三责险是你的车万一撞了人，保险公司理赔给你的你需要赔给被撞人的钱。按中国法律，只要开车撞人，不管是不是对方全责，涉事车辆多少都要赔点儿钱。

总结一下，交强险是车险中的标配，不可或缺，此外，商业车险套餐中最重要的就是车损险和三责险。

现在人命很值钱，强烈建议大家一线城市三责险保额选择150万~200万元，二线城市选择100万元，三四五六线城市最少选择50万元。

那目前我们在哪里买车险更划算呢？

除了传统的保险公司，我们还可以在一些国家许可的代销保险的第三方平台上购买车险，比如支付宝和微信。

支付宝和微信都有卖车险的小程序，只不过入口隐藏得比较深，大家需要找一下。这两个平台卖的车险，总体上非常便宜，而且都是经过挑选的大品牌保险公司。这些大公司因为资源丰富，除了发生重大事故后提供定损和救援的速度相对比较快，还会提供各种增值服务。

互联网的发展为保险行业注入了新的活力，也为保险业的发展带来了新的机遇。而最终受益的，还是我们老百姓。

以上就是本章的内容，内容比较多，但比较重要，希望大家能反复阅读，尽量把各个险种的保障功能和作用都记到自己的大脑中，这对我们后续章节的学习至关重要！

第二章

如何科学配置保险方案？

一年应该花多少钱买保险？

通过本书第一章的讲解，相信大家对保险已有基本的认识，从本章开始，我们将进入家庭保障规划的理论环节，正式开始讲解如何科学地为全家人配置保险。

第一章强调过，家庭理财的第一步是留出紧急备用金以备不时之需，第二步是购买合适的商业保险以构建家庭财务保障体系，之后才有资格考虑投资赚钱的事儿。

换句话说，判断一个人懂不懂理财，最重要的标志不是看他有没有买房或者会不会炒股，而是看他有没有考虑先给自己和家人配置最合适的保险，以应对不可预期的风险。

我们先来解决家庭保障规划中一个实际的问题——每年花多少钱买保险最合适？

花得太多，会影响家庭资产的增长速度；花得太少，家庭保障不够全面。不同的家庭，财务状况也不一样，如何为每个家庭科学规划保费预算，确实是个技术活儿。

力哥认为，主要有两个衡量标准，一是看家庭的收入和支出情况，二是看家庭的储蓄和负债情况。我们在买保险时这两个财务因素都要考虑到，但相比较而言，我觉得前者的参考价值更大。

因为不管是出车祸、生重病还是不幸离世，这些都会导致我们预期的收入中断、减少或永久丧失，而家庭的支出却很可能会因此大幅提高。

比如，一个人不幸罹患癌症，就不能再正常上班了，他需要每天奔波于医院或药店，这样不仅会导致收入中断，还会产生大量的医药费用，这些都是无法回避的现实问题。

所以无论是考虑保费还是保额，收入都是最重要的因素之一。

至于买保险的钱应该占家庭收入的多少，并没有一个刚性的标准，一般来说，占比 3%~10% 都是合理的。

收入越低，生活越拮据，能买保险的钱越少。因为收入低的家庭，需要拿出更高比例的预算用于日常开支，如果把过多的预算放在保险上是不理智的。眼下的温饱问题都解决不了,何谈保障?

而收入越高,生活越宽裕,越需要未雨绸缪,提前规避未来可能遭遇的风险,买保险相对占比可以更高一些,可以尽量选择保障期限更长、保障内容更丰富的产品,为家人构建更全面的保障方案。

如果家庭收入非常高,家庭资产也很高,比如年收入200万元,资产几千万元,那么以现在市面上一般的保险保额来看,它们对防范家庭财务风险已经起不到多大的作用了。从家庭保障规划角度看,保险不再是刚需,如果这样的家庭需要买保险,那么也是为了资产配置、避税和规避离婚风险等等,而不是单纯的保障需求。在这种情况下,家庭需要买的往往是储蓄型保险,尤其是香港的储蓄型保险,它们具有更强的资产配置和投资理财功能。

对普通百姓来说,其实每年只要拿出收入的6%~8%用于配置保险就够了。防范财务风险只是我们理财的一个诉求点,资产增值才是更重要的需求,如果把太多的钱用于保障,会拖慢财富的增长速度,反而得不偿失。说到底,理财的核心就是平衡。

因此,本书一个最重要的目标就是帮助大家尽量以最低的保费获得最全面的保障，让每一分钱都花在刀刃上。

家里那么多人，应该先给谁买？

在规划家庭保险保障时，很多人都会犯一个常见的错误，就是先给孩子和老人配置保险。因为大家普遍认为，老人和孩子是免疫力最弱的群体，一旦有个头疼脑热就可能生病住院，所以很多人先给孩子和老人买保险，最后才是身强力壮的自己。

与此同时，保险公司为了迎合市场需求，在开发产品的时候更多地考虑到"育儿"和"养老"这两个问题，推出各种各样针对儿童和老人的"保险全家桶"。

这有点儿像把麦克风对准了音响，声音不停地循环放大。有的人不仅要买，而且要挑最贵的买，以表为人父母的爱心和为人子女的孝心。

然而，如果我们站在家庭财务保障的角度去审视，就会发现这种保险配置的顺序其实搞反了。

正确的家庭保险配置优先级应该是：成人优先，孩子其次，老人最后。

为什么？

因为成人，尤其是有收入的成年人，作为家里的顶梁柱，承担着更多的家庭经济负担。试想一下，如果孩子或老人生病了没有保险，会怎么样？

只要家庭经济支柱还在，就算老人孩子没有配置任何保险，这个家庭就不会遭遇"灭顶之灾"。因为经济支柱有足够的赚钱和筹款能力，能帮助整个家庭渡过难关。

相反，如果成人不幸出了事却没有任何的保险保障，那么会怎么样呢？

孩子和老人不仅不能伸出援手解决问题，可能还会因此连最基本的生活都没法保障。在这种情况下，即便孩子和老人配置了再多的保险，也是没有意义的。

所以千万要记住，爱孩子、孝父母就先给自己买保险，在自己还没有充分完善的保障之前，先给他们买一大堆保险产品是非常不理智的选择。

孩子的保险虽然便宜，但从理财的角度来说，孩子是家庭负债而非资产，所以一般没有必要给孩子买太多的保险，在家庭保障规划中孩子处于次优先级。

而老人的保险，保费高保障少，杠杆非常低。比如，有的产品如果稍微比一比总保费和保额，我们就会发现两者的数额基本相等，跟自己存钱没什么区别，所以给老人买保险的优先级排在最后。

因此，在给家庭做保障规划时，我们应该优先考虑成人的保障，尤其是作为家庭经济支柱的成人，保障他们在承担家庭经济责任的时期不会因为突如其来的风险而被迫撂挑子。

随后，在预算支持的前提下，再考虑为孩子和老人配置保险保障，尽可能地把风险转嫁给保险公司，以减轻家庭经济支柱的负担。

怎么样，看到这里是不是有一种恍然大悟的感觉？

家庭顶梁柱，怎么买保险？

前文我们讲了，站在理财师的角度给家庭做保障规划时，应该先为成人，也就是家庭经济支柱配置保险，建立起一道家庭最关键的防线，其次才是为孩子和老人配置保险。

接下来我们将讲一下到底如何给家庭顶梁柱配置合理

且必要的保险。

我们先简单回顾一下四大险种的保障内容，免得在讲后面内容时大家对不上。

首先是寿险。寿险是在保障期内，不管出于什么原因，只要人去世了就赔钱，包括自然身故、疾病身故和意外身故。

其次是重疾险。简单来说，它是得了重大疾病就能赔钱的险种，比如确诊了癌症，保险公司一次性赔50万元，理赔款到账后怎么花我们自己说了算，非常实用。

再次是住院医疗险。它跟重疾险有点儿像，也保疾病，但没有具体疾病的要求，只要住院了就可以凭医院的票据报销，住院金额达到报销门槛后实报实销。

最后是意外险。很好理解，它主要保障由意外导致的风险。比如意外去世，保险公司直接赔一笔钱；意外骨折住院了，被保险人可以报销住院花费。另外，有的保险产品还会根据住院天数，按天给付住院津贴。

从这四个险种的保障内容来看，力哥认为，对于上有老下有小的成人，也就是家庭经济支柱来说，第一个要配置的就是最让人窒息的寿险。

大家可以想一下，自己在30岁左右的时候一般肩上都会有哪些经济负担。

房贷、孩子的学费、家里每月的生活费、定时给老人的赡养费等等，这些都是一刻也不能卸下来的经济重担。

所以像寿险这种去世了就赔钱的险种，正适合保障上有老下有小的成人，它能帮助我们如期履行责任。万一哪天自己真的不在了，家里人能凭这份保单找保险公司理赔一笔钱，至少生活还有着落。所谓"站着是台印钞机，躺下是堆人民币"，就是这个意思。

具体的额度选择，大家可以参考下面的公式：

负债＋孩子教育费用＋预留家庭生活费＋父母赡养费－家庭流动资产＝寿险保额

我们一个个来看。

负债。一般指长期的房贷和车贷，信用卡债务一般是短期负债，如果是长期循环借贷，那么也算负债。

孩子教育费用。教育费用可高可低，参考目前中国的教育费用支出和未来的增长空间，如果孩子刚出生，最少要准备 30 万元教育基金；如果已经上小学，最少准备 25 万元；已经上初中，最少准备 20 万元；马上要考大学了，至少要准备 10 万元。如果有两个孩子，这个金额就要加倍。如果对孩子有更高的教育期望，比如希望孩子读私立名校或者以后出国留学，可能学费一年就要 10 万元，40 万元根本不够，得 100 万元以上。

预留家庭生活费。一般是现在家庭每月正常开支的 100 倍，也就是如果不幸去世，家人还能正常生活八九年甚至更多。

父母赡养费。要看父母现在的年龄以及是否有完善的社保，如果没有社保，相对就要留更多的钱给父母以后看病，这项费用最少不能低于 20 万元。

家庭流动资产。包括股票、基金、银行理财等短期可以调用的资金，它们可以抵扣一部分寿险缺口。

比如，负债＋孩子教育费用＋预留家庭生活费＋父母赡养费，共需 200 万元，家庭目前的流动资金是 70 万元，那么整个家庭所需的寿险保额就是 130 万元。

以 2020 年的标准来看，一般寿险的保额最少 50 万元，大部分家庭顶梁柱需要配置 100 万元以上，即便配置五六百万元的寿险也毫不稀奇。

说完寿险,接下来讲讲成人要配置的第二个险种,重疾险。

重疾险应对的是重大疾病导致的风险,万一不幸罹患重疾,比如癌症或急性心肌梗死,就可以直接拿到治疗费。

重疾险的理赔款可以解决三个非常现实的问题。

一是治疗费,毋庸置疑,看病就得花钱;二是得了重大疾病之后收入中断的问题;三是康复费用。

试想一下,在三天两头要打针化疗的状况下,谁还能正常上班?又有哪家公司愿意接受这样的员工?

所以在配置重疾险的时候,要优先满足我们的保额需求,这样才有足够的底气面对疾病,避免整个家庭陷入无法扭转的巨大悲剧。

以目前中国的实际医疗花费情况来看,力哥建议至少配置50万元重疾险保额,有条件的话,最好能提高到80万元或100万元,因为未来医疗费用不断增长是板上钉钉的事。

当然,保险期间也要尽量拉长,因为年纪越大疾病发生概率越高,最少要保到70岁,保到终身则是最稳妥的。

第三个险种是医疗险,它的功能主要是补充重疾险和国家医保的不足。

比如,重疾险只管重大疾病和重大疾病的早期症状,也就是轻症或中症。但即便是轻症,对我们来说也很严重了,像早期恶性肿瘤、轻微脑中风、冠状动脉搭桥术等,动辄就是十几万元的花费。

除此之外,还有一些相比轻症更轻微点儿的情况,比如阑尾炎手术住院、骨折住院,花费说多不多,说少也不少,这个时候医疗险就能体现它的价值了,它可以报销住院花费,保障重疾险保障不到的小病小灾。

另外,我们也知道医保报销有很多限制,比如自费药和进口药一般是不能报销的,而且有的地区还有报销上限。所以商业的住院医疗险,也就是百万医疗险的另一大作用,就是补充报销医保不能报的部分,减轻我们的医疗压力。

有了国家医保,再加上商业的重疾险和医疗险,这三个搭配起来能解决我们 90% 以上的看病花费问题。

最后一个要配置的险种是意外险,力哥建议大家选择交一年保一年的消费型产品,一年不到两百元就有 50 万元的意外保障。

意外险价格低保障高，无论户外活动是多还是少，力哥建议每个家庭顶梁柱都配置一个，以防不可预期的风险。

总之一句话，家庭经济支柱很重要，寿险、重疾险、医疗险和意外险，一个都不能少！

全职太太，如何优化保险方案？

前文我们讲了家庭经济支柱应该怎样给自己配置最合适的保障，由于经济支柱是家庭财务的第一道防线，需要优先重点保障，所以在配置保险的时候要把四个险种都配置齐全，以保障家庭经济支柱履行自己的经济责任，保障家庭不会被不期而至的风险击垮。

其中，力哥特别强调寿险对家庭经济支柱的意义，家庭经济支柱万一发生意外或者因疾病去世了，可以留下一笔理赔款，支撑家人继续生活下去。

但是我们也知道，家庭各成员的分工是不一样的，有些家庭为了照顾孩子和老人，会让妻子全职在家，或者只是做点儿兼职补贴家用，无论是国内还是国外，这种现象都很常见。

在这种情况下，妻子虽然也是成人，但并不是家庭经济支柱，不承担家庭的主要经济负担，所以在配置的时候我们需要调整优化，以节省不必要的保费开支。

总的来说，全职太太最大的风险敞口就是疾病和意外风险，一般我们只要满足全职太太这两方面的保障需求就可以了。

先说疾病风险的保障，分两种：一种是大病，也就是重大疾病；另一种是小病，指一般的因病住院，比如阑尾炎住院、急性肠胃炎住院等。

重大疾病还是一样，选择重疾险进行保障，万一罹患重大疾病，比如癌症，可以一次性获得一笔钱，这样不仅能够解决治疗费的问题，还可以解决病后康复的营养花费等问题。

如果家庭中的一个成员患重大疾病，那么通常需要另一个成员全天候照顾，这有可能导致家庭收入暂时中断。

因此力哥建议给全职太太配置重疾险的时候，也要预留出一部分误工费用，保额最少50万元。如果有条件，配置到80万元甚至100万元更好。

至于不大不小的病，建议用住院医疗险保障，它对疾病种类没有具体的要求和限制，一般只要住院且花费达到免赔额标准，就能凭发票找保险公司报销。

假如免赔额是1万元，手术住院花了10万元，其中医保承担3万元，剩下的7万元可以找保险公司报销6万元，自己要承担免赔部分的花费。

重疾险和医疗险的组合，可以覆盖我们90%以上的看病支出。

而像常见的感冒发烧，我们没有必要进行额外保障，因为成年人的抵抗力普遍比较好，一年也去不了几次医院，就算看门诊也不可能花上万元，加上这类门诊保险的保费又比较高，最后的结果很可能是看病花的钱跟买保险花的钱差不多，相当于买了个团购券，所以小额的门诊保障不配置也罢。

解决好疾病风险，剩下的就是意外风险了。

全职太太虽然生活环境相对简单，出门发生意外的概率不高，但是还是建议配置一个意外险。

意外险是所有保险里杠杆最高的险种之一，只需要很少的钱就可以配置很高的保额，一般一年只需要不到200

元就能获得 50 万元的保额，意外导致的身故或者残疾都能获赔。

另外，很多意外险还有意外医疗保障，意外导致的磕磕碰碰，比如要去医院进行包扎治疗或打石膏，也可以凭发票报销医疗费用，门槛低，但很实用。

有了重疾险、医疗险和意外险这三个险种的搭配，全职太太的保障就很完善了。

而像家庭经济支柱必备的寿险，预算充足的家庭可以给全职太太少量配置，比如配置 50 万元或 100 万元保额，女性配置寿险的保费本身就只有男性的一半，非常便宜。

假如家庭预算有限，全职太太的寿险可以暂免，主要原因是全职太太不负责赚钱，不承担家庭的经济负担，如果不幸去世，对家庭财务来说影响并不大。

我们买保险的原则始终是把钱花在刀刃上。

这里再多说一句，目前中国家庭更常见的情况是夫妻双方一起工作，一起赚钱养家，这时的保险配置方案要遵循谁赚钱多谁保障多的原则。假如一方的收入远超另一方，是家庭收入的主力军，那么另一方的保障也可以参照上面说的全职太太的情况配置。但如果夫妻双方收入旗鼓相当，共同撑起了这个家,那么两人都是家庭经济支柱,都要按照家庭经济支柱的保障方案来配置。

总之,保险配置是非常个性化的,需要根据家庭的实际情况动态调整,不能一味地生搬硬套。

只花一千元,就能给孩子配好保险?

根据我们之前的分析,家庭保障规划的顺序是先大人后小孩。理由很简单,成人是家里的顶梁柱,也是家庭经济收入的主要来源,所以最不能出事。站在理财的角度看,孩子是家庭的"负债"而非"资产",所以一般没必要买太多保险,在家庭保障规划中处于次优先级。

通过前文的讲解,想必大家已经了解如何给家庭经济支柱和全职太太配置保障方案。我们接下来讲一讲应该怎样给孩子配置保险产品。

力哥作为一个父亲,非常理解做父母的都想给自己的宝贝孩子未来的生活提供最全面的保障的想法,但对孩子来说,最大最好的保障不是什么保险,而是作为父母的我们。

如果孩子出事了，即便他们什么保险都没有，只要我们还在，作为父母我们肯定也会想尽办法拼尽全力保他们平安。

但如果我们自己因为疾病或意外而导致家庭收入中断，那么未来谁来养孩子呢？这个时候，就算你给孩子买了再多的保险，又有什么用呢？即便有保险，他们能承担得起保费吗？

所以，给孩子买保险的首要原则是先给我们自己做好充足完善的保障，在有余力的情况下，再考虑为孩子配置合适的保险。

孩子是我们的心头肉，所以很多保险业务员特别聪明，会重点留意身边刚生孩子的朋友，有的人甚至还会在妇产科"守株待兔"。

如果我们在怀孕的时候就被业务员"盯上"了，业务员肯定会经常上门走访，苦口婆心地让我们给孩子买保险，好像如果你不给孩子买保险就是不爱孩子。当然，这时候很多初为父母的朋友，花钱花得特别慷慨果断，很多人情单就是这么来的。

钱花了，如果能达到我们预期的保障效果还好，但坑人的是，这些保单往往不是高性价比的消费型保险，而是价格高、保障少的理财型保险，要保障没保障，要收益没收益，有的甚至还跑不过货币基金……

所以力哥特别提醒，大家给孩子买保险一定要先从保障型产品入手，等全家人都买齐了基本的保障性保险之后，如果你手上还有多余的资金，又没有其他更合适的产品可以放心投资，再考虑肯定保本但收益相对比较低的理财型保险。

另外，因为孩子没有赚钱的能力，不承担家庭经济责任，所以除非你的孩子已经是能为家庭赚大钱的童星，否则没有必要给孩子买寿险。

万一孩子在成年之前夭折，就算保险公司给我们理赔再多的钱，也无法弥补我们心灵遭受的巨大伤害，而且父母在使用这笔理赔款的时候，会有巨大的心理负担，因为这笔钱是以孩子夭折为代价换来的。

他们会下意识想到一个问题：我孩子的命，就只值这点儿钱吗？这笔钱不管以后拿去买房买车还是旅游消费，他们都会觉得这钱是用孩子的命换来的，内心总会隐隐作痛。

所以，再次强调，不管是终身寿险、定期寿险还是返还型寿险，通通不要给孩子买。孩子需要的主要是疾病险和意外险。

疾病风险我们在前面已经说过很多次了，国家医保、商业重疾险和住院医疗险，三个险种配合起来，就能防范90%以上的疾病风险。

意外风险也很简单，给孩子配置一年期的消费型意外险即可，孩子的意外险都很便宜，一年几十元足够了，保费低保额高。

一些孩子比较顽皮，玩闹的时候容易磕磕碰碰，大家在挑选意外险产品的时候可以重点注意一下意外险的意外医疗保障内容，尽量选择报销门槛低且报销范围广的产品。

整体来说，一般家庭给孩子配置保险，如果是基础的保障，一年的保费加起来也就几百元，最多不超过1 000元，如果是终身型的保障，一年不会超过3 000元。

大家可以记住这两个数字，如果超过这两个数字，说明你可能被"宰"了。

家有老人，怎么花最少的钱解决保障问题？

在前文中，我们分别讲了如何给大人和孩子买保险，并多次提到家庭保险配置的优先级别是成人优先，孩子其次，老人最后。

下面我们讲一讲如何给养育我们的父母配置保险。

为人子女，让父母有安逸舒心的晚年生活，这既是我们的心愿，也是我们义不容辞的责任。

但现实是，我们父母那辈人在他们年轻的时候，大多没有保险意识，并没有趁着身体健康及时给自己配置好保险，而我们80后、90后这一辈中青年人长大后，大多成家立业都比较晚，而且很多是独生子女，当我们成长到有能力为父母做一些事的时候，父母的年纪已经很大了，甚至可能已经病痛缠身。

这个时候，再想通过保险这个金融工具给父母构建保障，从而帮助父母也帮助我们自己转移巨大的医疗支出压力，其实已经非常困难了。

父母年纪大了之后，大多数都疾病缠身，医疗成本非常高，而保险公司卖给我们保险是一种商业行为，是以营利为目的的，它们绝不会做亏本买卖，所以这时很多非常好的险种或产品，要么根本就不卖给老人，要么把保费定得很贵，性价比很低。

可即便如此，我们也要尽力为父母做些事情，把能买的保险先买了，把能做的保障先做了，尽量帮助父母减少对疾病和死亡的恐惧，减轻他们害怕成为我们负担的心理压力。

那么，给父母配置保险需要注意什么呢？

首先，给父母购买保险之前要先确保自己和孩子有了充足完善的保障，在有余力的情况下，再考虑为父母配置合适的保险。

其次，在给父母买商业保险时，首选意外险，其次是医疗险，最后经济实力足够强的家庭可以考虑重疾险。

为什么首选意外险？

因为老年人腿脚不便，老眼昏花，实际上发生意外的概率远高于年轻人，而意外险的保费设置往往是一视同仁的，即使是老人买意外险，保费也很便宜，所以一定要优先安排。

另外，由于重疾险的保费是跟年龄直接挂钩的，年纪越大，重疾险越贵，而且50岁以后，由于重疾患病概率上升，保费几乎指数级增长，等65岁以后，就算你不在意花多少钱，保险公司也不愿意卖你重疾险了。

这时，医疗险就比重疾险更适合老人，市场上还是能找到几百元到一两千元就能购买的医疗险，而且医疗险对疾病没有具体的限制，只要花费达标就能报销，非常实用。

最后，如果你的父母已经退休或者还在工作，但因为我们已经长大，我们的收入不断提高，父母已经不再是家庭的经济支柱，给他们买寿险就没有多大意义了。寿险应该保障家庭经济支柱。

了解了给父母购买保险的三个注意事项之后，我们就进入给父母配置保险的实操环节。

第一步，先确认父母有没有医保。

对老人来说，医保绝对是一份非常好的保障。因为医保的本质就是拿青壮年交的钱补贴老人和孩子，尤其优先补贴高龄老人。它不仅门槛低，而且能覆盖大量的医疗费用，性价比很高。所以，比起商业保险，先帮父母把基础的医保或社保办好，才是最重要的。

第二步，着手给父母配置合适的意外险。

建议大家在挑选产品的时候，重点看看意外医疗险的报销条件，尽量选择零免赔额且最好是不限社保用药的，这类医疗险的报销门槛更低，相对来讲更实用。

第三步，给父母配置合适的百万医疗险，有条件再考虑重疾险。

因为重疾险的保费在 50 岁前后是有巨大差异的，过了 50 岁，保费就越来越趋向于以指数级增长，所以到 50 岁以后才想到买重疾险就很被动了。如果你的父母现在还不到 50 岁，有条件的可以赶紧"上车"；如果已经超过 50 岁，一般家庭就不建议再给父母配置重疾险了。

总结一下，力哥建议优先给父母买好作为社会福利的医保，然后是商业的意外险和医疗险，重疾险因人而异，不能勉强。

这部分内容教给大家的最关键的保险理念就是，给父母买保险，千万不能等，投保年纪越大越被动。

关于如何给家庭经济支柱、全职太太、孩子、父母配置保险，到这里就讲完了。

最后，我们对这部分内容做一个简要的总结梳理。

一是家庭顶梁柱最好四大险种都配齐，寿险、重疾险、医疗险、意外险一个都不能少。

二是全职太太和孩子最重要的是防范疾病和意外风险，一般不需要配置寿险。对于他们来说，重疾险、医疗险、意外险是最佳搭配。

三是父母年纪大了没必要配置寿险，重疾险性价比也不是很高，有了医保之后，一般再配置意外险和医疗险就够了。

为什么理财型保险那么招人厌？

前面给大家讲了保险的功能和意义，以及一些实操内容，比如如何给家庭各个成员科学地配置保险。

相信很多人看完之后心里都痒痒的，想立马着手为自己和家人进行保障规划。

但是，力哥不得不提醒大家，在实操过程中有很多让人前赴后继往里跳的"坑"，如果不早些给大家科普一下，大家可能在一知半解的时候就会被个别无良业务员给套路了，所以力哥把原本计划放在后面的内容提前讲解，力哥想告诉大家，为什么不建议你买返还型保险和理财型保险。

先说返还型保险。

返还型保险说白了就是有事赔钱没事还本的保险，而与之相对的是消费型保险，也就是在保险期间内如果发生了事故就赔钱，如果什么事都没发生，保费就算送给保险公司了，保险公司以后一分钱不会返还。

乍一看，明明是返还型保险更好，不管需不需要理赔，这笔钱都旱涝保收，完全不用担心"亏损"，为什么力哥建议大家选择可能会亏本的消费型保险？

其中的奥妙，就在于保费。

消费型保险的优点是保费低，缺点是如果不出事就什么都没有了，这种感觉就像自己的钱打了水漂。返还型保险则相反，价格高，但就算将来不出事也能拿回本金利息，这让人心里舒坦点儿。

许多人既不想多缴保费，又不想白给保险公司送钱，所以才会纠结，不知道到底怎么选。

其实这是保险公司长期的销售误导让你中招了。记住一点，只要买保险，不管你买什么类型的，都是在给保险公司送钱，保险公司不是慈善机构，不可能免费帮我们承担风险。

比如，保险公司精算后发现，要承保你这个保险的综合成本是 1 000 元，公司另外还要赚 200 元。假如你买消费型保险，你就要付保险公司 1 200 元保费。

但因为不出事就白给保险公司送钱，很多人会觉得心里不爽，保险公司说，要不你每年交 1 万元保费，连续交 20 年。本金合计交了多少？

20 万元。

中途任何一年你出事了都按合同理赔，如果到 60 岁你还健康安好，保险公司就还你 20 万元本金加 5 万元利息，怎么样？

听上去是不是挺靠谱的？

但只要懂得复利效应就知道这里面的套路了，不管消费型保险还是返还型保险，保险公司承保所需的 1 000 元成本总是摆在那里的，是无差异的。

我们再来算一笔账，保险公司第一年拿到你的 1 万元保费后，先剔除 1 000 元保险成本，剩下的 9 000 元就拿去做投资了。

复利效应在前几年并不明显，但如果拉长到二三十年看，就很可观了。到你60岁时，别说还你本金20万元加5万元利息，就算再贴你5万元利息，保险公司也还是赚了很多。

所以说，返还型保险只是玩了个数字游戏，有良心的人会推荐大家去买消费型保险，把省下来的保费自己拿去投资生息，哪怕是投资货币基金或债券基金，也比买返还型保险要好！

下面我再说说为什么不建议一般的家庭买理财型保险。

理财型保险最大的特点就是不仅具有保障功能，而且有理财功能。但这种能赚钱的理财保险真的划算吗？

保险的底层功能是保障，升级功能是责任，而理财，是可有可无的衍生功能。如果你跟着力哥系统地学习理财知识，了解到其他投资赚钱的工具和方法，那么你又有什么必要把钱交给保险公司去做低效的理财呢？

可问题是，保险公司最喜欢推销的往往就是这种具有理财功能的保险产品。

为什么？

说到底，还是利益使然。因为这类理财型保险利润最丰厚，能给保险公司带来相对更多的收入，同时也是我们投保人买了相对最吃亏的产品。

在实操过程中，我们还会发现，目前市场上的理财型保险的保障内容并不全面，它们通常会以附加险的形式存在，保什么不保什么，大多数消费者会被业务员牵着鼻子走。

而业务员在搭配方案的时候，又会"情不自禁"地考虑搭配一些提成更高的附加险，一来二去，很多人通过理财险附加的保障都是缺斤少两的。

这导致很多人花掉的保费不算少，但真正面临风险时，才发现自己的保单非常鸡肋，它能提供的财务防护根本不堪一击。

另一方面，中国大陆地区的保险公司推出的理财型保险的理财功能实际上并不亮眼，不管是年金险、分红险，还是万能险，无一例外。

主要原因是保险公司能投资的范围实在有限，这也不许投，那也不许投，这导致保险公司靠投资根本赚不到多少钱，本就不多的收益被保险公司分掉一大块，再分到投保人手上的，自然就更少了。

以目前市场上的主流产品为例，长期持有一个保险期间几十年的万能险，实际到手的长期年化收益率也就是2%~3%。这还是相对靠谱的，如果你买的是分红险，未来分红的不确定性就更高了，长期看保本没问题，但到底能给你赚多少钱，真不好说。哪怕我们随便投点儿货币基金，收益也比这些理财型保险强。更不要说如果你掌握了科学的投资工具，比如跟着力哥做基金七步定投，那么你的长期年化收益率至少有10%，结果可谓天壤之别。

由此可见，无论从买保险的角度还是单从理财的角度看，理财保险都不适合大多数普通人，尤其是可投资金融资产在100万元以内的家庭。

所以力哥给绝大多数普通家庭的建议是，千万别买返还型保险，谨慎考虑理财型保险。我们买保险的首要目的是求一个保障，应该配置最纯粹的保障型产品。如果真的想理财，想获得更理想的收益，就应该把钱留出来，去买各种实实在在的理财产品。

让上帝的归上帝，恺撒的归恺撒；让保障的归保障，投资的归投资。切记切记。

第三章

如何避免保险理赔纠纷？

投保前要不要先去做体检？

上一章我们讲了如何为家庭各个成员科学地配置保险，相信很多读者看完之后已经摩拳擦掌跃跃欲试了，想试着给家人搭配几个方案。

但俗话说，心急吃不了热豆腐，在正式开始做规划之前，还有几个重要的知识点需要告诉大家，学会了，你就能够最大限度地避免日后的理赔纠纷。毕竟，买保险能否成功理赔才是关键。

下面先跟大家探讨一个很多人都搞错了答案的问题——投保前，要不要先做个体检？

力哥接触过不少保险小白，大部分人是这么想的，保险公司的健康险对健康都有要求，投保人需要符合保险公司的要求才能投保，否则理赔的时候保险公司有权拒赔。

因此，很多人会想，投保前如果先去做个体检，确认自己没问题了，就可以放心投保，这样以后理赔就不用担心了。

这么想是没错，但如果你真这么做了，就等于把你自己往火坑里推！

在讲为什么之前，先科普一下健康告知是什么。

保险公司是以营利为目的的商业机构，为了避免赔出去的钱比收来的保费多，保险公司设置了健康告知这个投保限制。

健康告知说白了就是保险公司的健康问卷，所有投保人必须如实回答，否则将来保险公司有权拒赔。

如果健康告知问"是否患有恶性肿瘤"，那么得了癌症的人不能投保。反之，如果没有这个限制，所有癌症患者都可以投保然后申请理赔，那么保险公司都倒闭了。

那所有的保险都会要求健康告知吗？

并不是。

健康告知一般会出现在跟健康有关的保险中，比如寿险、重疾险和医疗险，是我们投保时必须过的一关，就像考驾照的时候必须过的科目一。

不同公司的产品，所要求的健康告知是不一样的，比如有的会问我们是否有甲状腺结节，而有的完全不问，各有各的侧重点。

那健康告知怎么过呢？

国内健康险的健康告知一般采用的都是"有限告知"，注意"有限"两个字。

《中华人民共和国保险法（2015年修正）》第十六条

订立保险合同，保险人就保险标的或者被保险人的有关情况提出询问的，投保人应当如实告知。

用大白话来说就是，问到的如实回答，没问到的就不用说！

比如健康告知只问我们是否有高血压，如果有的话就如实告知，没有的话不用主动告知，即便身体有其他问题，比如糖尿病、脂肪肝，都不用说，这就是有限告知。

有的人可能会困惑，从来都没体检过，健康告知问的那些问题自己都不确定有没有，真的不用去体检再投保吗？

力哥可以十分肯定地告诉你：不用！

以最常见的甲状腺结节为例。

体检之前，我们可能由于作息时间不规律或生活压力等因素已经患有甲状腺结节，但是它不疼不痒没有任何感觉，我们感知不到它的存在，也没有任何一个医生给出相关的诊断，那么在投保的时候我们可以理直气壮地直接选择"无以上问题"，通过健康告知，直接投保。

由于我们并未在医疗机构确诊这个问题，没有任何相关患病记录，保险公司也无法证明我们在投保前确实患有甲状腺结节，我们在申请健康险理赔的时候并不会因此受到阻碍。

反之，如果在投保前我们在医院或体检机构用B超检查出了甲状腺结节，并被记录在案了，那么不好意思，对保险公司来说，我们就算有"案底"了。

即便这个问题再小，医生再怎么说它对健康没什么影响，但只要投保的时候健康告知问到这个问题，我们就不能把自己当成健康体直接投保，需要把相关的检查结果或病例交给保险公司的核保人员审核，由保险公司决定我们还有没有资格投保。

所以，同样是有甲状腺结节，有没有被查出来，有没有在医疗机构留过"案底",投保时可谓天壤之别。

没"案底"是我们挑产品,有"案底"就变成了产品挑我们……

了解这点之后,相信大家也就理解为什么力哥极力反对大家在投保前进行体检了。

一个人,可能身体有些小毛病但自己并不知情,他投保的时候可以作为健康体直接投保,未来理赔的时候保险公司也不会找他麻烦。

而如果投保前他进行了360度的全方位体检,把所有的小毛病都查了出来,那么等待他的将是漫长的核保,只要有一项是保险公司认为风险比较高的,他就会被拒于门外。

站在保险公司的角度看,最好所有的投保人都去做一遍体检再来投保,这样就能最大限度地把身体有小毛病的人排除在外,进而最大限度地降低理赔率。

但这对我们消费者或者投保人来说就亏大了。

所以记住一句话,如果没有特别的要求,投保前要尽量避免体检,以免因为查出某些小毛病而丧失投保资格!

保险公司的健康告知问卷，怎么填最聪明？

前文我们说了，在购买健康险之前最好不要体检，因为健康险都有健康告知限制，万一体检查出一些小毛病留下了"案底"，可能会丧失保险产品的挑选权。

因此，要想顺利配置自己心仪的保险产品，一是要有一个"没有案底"的健康体魄，二是要仔细填写健康告知。

下面我们就来看看，如何机智地填写健康告知。

健康告知说白了就是一张健康问卷，上面写了各种限制投保的疾病。

身体健康的人自然很顺利，直接过。然而人吃五谷杂粮，身上多多少少都有这样或那样的小毛病，比如甲状腺结节、乳腺结节、乳腺增生之类的，健康告知环节通过不了，怎么办呢？

简单来说，还是要利用前文提到的"有限告知"原则，问到的如实回答，没问的不用说。

再次提醒大家，如实告知≠全部告知，更不需要为此专门做个体检！

举个例子，十人九痔，如果自己有痔疮，但健康告知里面没有问这个问题，你就可以直接投保，未来理赔的时候不会有人因此找你的麻烦。

但你如果有乙肝小三阳，而健康告知中有"肝炎病毒携带"的限制，你就不能直接投保，否则未来理赔可能会产生纠纷。

总之，顺利通过健康告知是一个技术活，需要耐心加细心，一条条仔细看，有没有历史记录涉及健康告知提到的症状和时间限制。比如保险公司问"2年内有没有得过××病"，你5年前得过，而且早就痊愈了，那就不碍事。

说到这儿，力哥送给大家两个通过健康告知的小锦囊。

一是以正规医院或体检机构的检查记录为准，自己在家里自我诊断的疾病一律不算。所以，在买保险之前千万不要轻易去做体检，等买完保险过了等待期，再去看医生或者做体检，那时候即使发现身体有什么小问题，保险公司也不能拒保、拒赔。

二是不同保险公司的保险产品对健康的要求不一样，有松有严，侧重点也不一样，如果身体有小毛病，建议多选几个产品看看，说不定就能找到一个符合自己要求的。

一般用上这两个锦囊，只要你的身体没什么大的毛病，就能找到适合自己的产品。

那用了这两个锦囊，还是过不了怎么办？

比如甲状腺结节，中国有这个小毛病的人简直太多了，而且几乎每个跟健康相关的保险产品都会问这个问题，那是不是说，得了甲状腺结节的人就和健康险无缘了？

当然不至于，远没到山穷水尽要放弃的地步，我们还可以尝试一下"智能核保"。

智能核保听起来很高级，其实就是个"是非问答"的过程。当我们身体有些小毛病涉及健康告知提到的症状时，我们可以通过智能核保系统把具体的情况反馈给保险公司，由保险公司判断能否承保。

智能核保的流程很简单，只要选好对应要核保的身体异常项目，然后根据自身实际情况如实回答，当场就能得出核保结论。

除了正常承保，核保结论一般还有三种。

拒保。意思是保险公司认为你的异常情况比较严重，不能承保。

除外责任。也就是有一些特定情况，保险公司不予保障，比如甲状腺结节智能核保后是除外责任，那以后你得了甲状腺方面的疾病，保险公司不赔钱，但其他疾病还是照样赔。

加费。保险公司认为这种情况会提高理赔概率，要适当增加一点儿保费才愿意承保。

拒保的结论我们没有选择的余地，而后两种情况，我们如果觉得可以接受，就投保，如果觉得承保条件有点儿苛刻，自己不满意，就可以放弃。

其实，做一次智能核保的问答题，除了手机耗费点儿流量，对我们没有任何影响，更不会上征信报告，对你今后投保或做其他任何事都不会产生负面影响，哪怕智能核保被拒保了也不影响我们以后再买别的保险。

同样，在智能核保方面，不同的保险公司对健康的要求不一样，有松有严，或者有些保险公司在 A 疾病上比较严，在 B 疾病上相对松，而另一些保险公司可能正好相反，所以千万不要在一棵树上吊死，如果第一次投保被拒了，不妨多试几家不同保险公司的产品，说不定就有符合要求的。

问题来了，如果到了这一步还不能解决问题，你还是什么保险都买不了，那么你只有亮出最后的底牌——人工核保。

人工核保跟智能核保的区别在于，人工核保由专业的核保员进行审核，不像智能核保，问题和标准都是预设好的，比较死板。

所以人工核保更有针对性，在核保问题的处理上也更有弹性。

如果线下购买保险进行人工核保，把相关的核保资料交给业务员就行了，比如相关病例、检查报告等等，资料经过层层转交，最终会交到核保员手上。

而线上的产品大部分也支持人工核保，一般来说，把相关资料拍照，直接上传到保险公司的系统，或通过邮件的方式发送到指定邮箱就可以了。

力哥建议大家不管是走线下核保还是线上核保，还是那句话，别在一棵树上吊死，最好多找几家，广撒网，最后看哪家保险公司愿意承保。

如果有两家或更多的保险公司愿意承保，则看哪家的承保条件更好，哪家的产品性价比更高，我们就选哪个。

不过要注意的是，人工核保需要提交个人身份信息，在提交核保资料的时候要填上姓名和身份证号码，所以人工核保会留下"案底"。

万一不幸被拒了，以后要想买别的产品就都得核保才行，所以选择人工核保之前务必慎重考虑。

现在市场上产品那么多，竞争那么激烈，只要你还没患上重病，总能找到适合你的保险产品。能顺利通过健康告知，就不要核保。非要核保的话，能选智能核保就不用人工核保，不然万一被拒以后就麻烦了。

张爱玲说，出名要趁早，买保险其实也一样，一定要趁早，因为年纪越小身体越健康，这时不但保费便宜，也不太会被拒保。

如果你已经三四十岁，身体有这样或那样的小毛病，那么也别灰心，广撒网，多尝试，你总会找到合适的产品的。

如何快速看懂一份保险合同？

行文至此，我们已经讲了很多保险干货，要知道市面上 80% 以上的保险代理人都没有接受过如此系统的学习。如果前面的内容你都稳扎稳打地吸收了，那么你已经能完胜大部分不靠谱的保险销售人员了。

我们再来讲一个买保险很核心的实操问题——如何快速看懂一份保险合同？

毕竟买保险买的就是那一纸合同，合同上确定好了我们和保险公司各自的权利和义务，这对我们日后的保障至关重要。

大家别看保险合同厚厚一沓，感觉好像很难很费精力，其实里面大多数的条款内容都是通用范式。

我们阅读一份保险合同，并不需要通读全文，主要看其中的数字，包括保费、保额、保险期间、缴费方式、缴多久等基本信息即可，以此来判断这份保险符不符合我们的实际情况和预期。

先讲保费和保额。

很多人经常把它们搞混，其实很简单，保费就是缴多少，即按约定，你定期要给保险公司缴多少钱。

保额就是保多少，即发生风险后，保险公司承诺最多赔付给你多少钱。

而保险期间就是保障多久，是保20年、30年，还是保一辈子。

此外，我们也要多留意一下缴费方式，有的是月缴，有的是年缴，很多朋友往往因为不按时按规缴费，最后导致保险失效，非常可惜。

除了重要的数字，我们需要注意的还有保险中尤为关键的五个时间窗口：空白期、等待期、犹豫期、宽限期和复效期。

1. 空白期

保险空白期，是指我们交了保费，保单还没生效这段时间。这期间保险公司不承担保险责任，也就是说，消费者虽然已经缴了钱，但还没有真正完成"投保"。

一般空白期是从缴保费到当天的 24 点结束，也就是到了 24 点，保单会正式生效。

2. 等待期

等待期是指投保人在投保后，从合同生效日算起的一段时间内，被保险人发生的风险，保险公司不予保障。大部分跟身体健康有关的保险，如寿险、重疾险、医疗险等都有等待期的规定，一般为 30~180 天。设置等待期的主要目的，是防止有人带病投保骗保。

比如一份住院医疗险没有等待期的限制，那么所有感到身体不适的患者都可以今天投保，明天立即住院申请理赔，这对保险公司来说并不公平，因此我们也要理解。

3. 犹豫期

是指投保人在签收保险单后一定时间内，对所购买的保险不满意，可以无条件退保并拿回全额保费。目前市场上保险产品的犹豫期多为 10 天或 15 天，这可以类比为淘宝网的 7 天无理由退货。

这里要注意一点，很多保险期间在一年及以下的产品是没有犹豫期的，比如一年期的意外险，投保之前一定要考虑清楚。

4. 宽限期

是指在首次缴付保险费以后，如果投保人在缴费日没有及时缴费，保险公司将给予投保人 60 天的宽限期，在宽限期内保险合同仍然有效，投保人只要在宽限期内缴纳了保险费，保险合同继续生效。

换言之，保险到期后 60 天内不交钱，保障照样有效，如果不幸发生风险，保险公司会正常理赔，但要扣掉当年欠缴的保费。这 60 天就是保险公司给我们的宽限期。如果 60 天宽限期到期后投保人仍未缴纳保险费，保险合同会自动中止。注意，这里说的"中"是"中间"的"中"，不是"终结"的"终"。

5. 复效期

复效针对的是上面说的各种原因导致的没有按时缴纳保费的情况，针对的是过了宽限期保险合同自动中止、保险效力已经失效的保险单。

这时，保险公司往往还允许投保人在保单已经失效后的一定时间内，申请继续缴纳保费让这份保单的效力恢复，毕竟保险公司也不想就这么流失一个客户。但要注意的是，申请复效除了要补上欠缴的保费，一般还需要重新过健康告知以及等待期。

复效的时效一般是两年，如果两年内没有申请复效，那么保单终止。注意，这里说的"终"是"终结"的"终"，不是"中间"的"中"。

以上五个重要的时间窗口的含义、时长，大家一定要搞清楚。

最后我们需要特别关注的几个条款是保险责任、责任免除和保险金申请。

这三大条款分别指的是该份保险合同能保什么，不能保什么，以及如果保险事故发生，该怎样申请保险金。

总而言之，如果我们看懂了数字、时间、条款，就能快速看懂一份保险。通过阅读条款，我们可以最大限度地避免销售误导，清楚地了解我们买的产品到底保什么、不保什么，对花钱买到的保障心里有个底。

建议每个人在投保之前，最好能通读一遍条款，即便没有通读的耐心，至少也要把上面介绍的重点部分认真阅读一遍，最大限度地保护我们自己的权益。

受益人怎么填最稳妥？

买保险的时候大家一般会重点关注价格、保障内容、免责条款以及保险公司品牌等。这些都是明面上的东西，确实需要好好过一遍。

但其实在投保的时候，还有个躲在暗处的小细节很容易被忽略，如果不提前安排好，说不定会造成亲人反目的后果，这可不是危言耸听。

什么东西如此重要？

那就是受益人。

我们先来了解一下，受益人是什么？

受益人又叫保险金受领人，就是有权利获得保险理赔款的那个人。一般分两种，生存受益人和身故受益人。

生存受益人简单来说就是活着能拿到钱的那个人，比如重疾险和医疗险的受益人。这个理赔款是给被保险人治病用的，不能等他病故了才赔。（比如父亲给儿子投保，父亲是投保人，儿子是被保险人。）

生存受益人一般不需要专门指定，就是被保险人自己。

为什么生存受益人默认就是被保险人自己？

举个例子，小明给老婆投保了一份重疾险，老婆得了癌症需要保险理赔款治病救命。假设小明可以作为生存受益人，领取保险公司的理赔款，万一小明攥着钱不给老婆治病，这影响会非常恶劣，容易产生道德风险。

而身故受益人是被保险人不幸去世后才能理赔的险种（比如寿险和意外险）的受益人。只有被保险人去世了，受益人才可以找保险公司理赔。

因此，身故受益人一般不是被保险人自己，而是经选择的法定受益人或指定受益人。

下面我们看看法定受益人和指定受益人有什么区别。

1. 法定受益人

法定受益人是保险公司默认的选项，包括被保险人自己的父母、配偶和孩子，也包括兄弟姐妹，分先后顺序。

第一顺位：配偶、子女、父母。

第二顺位：兄弟姐妹、爷爷奶奶、外公外婆。

发生事故的话，由同一顺位的人平分理赔款。比如有90万元的理赔款，配偶、子女和父母各拿30万元。

除非第一顺位的人都不在了，才会轮到第二顺位人领取。

2. 指定受益人

顾名思义就是指定某一个或某几个人，作为指定的受益人。比如，你想把所有理赔款都给自己的老婆，那就指定她为受益人，受益比例 100%。

或者你想指定三个人，老婆、妈妈还有爸爸，老婆多一点儿，50%；妈妈少一点儿，30%；爸爸再少一点儿，20%。

同时，我们还可以指定受益顺序，比如父母是第一顺位，各 50%；老婆为第二顺位，100%。父母在世，两人有权获赔，老婆没份儿。只有当父母都去世了，才轮到作为第二顺位的老婆领取。

指定受益人特别灵活，怎么分全由被保险人自己说了算。

就算不指定受益人，法定的受益人也是我们最亲最爱的人，父母、配偶和子女，而指定的话，一般也是他们。

那么，我们还有必要多此一举指定受益人吗？

非常有必要！原因有以下两点。

（1）理赔便捷

如果选择法定受益人，亲人申请理赔得向保险公司提供翔实的证明材料，我是他妈妈、我是他老婆、我是他儿子……

但如果指定了受益人就不需要这么麻烦了，只需要一些简单的材料就能走完流程，理赔更方便。

（2）减少纠纷

很多人在投保时会觉得法定受益人就是自己最亲的人，但他们忘了一点，随着时间的推移，家庭结构和人员关系可能会发生变化，比如离婚、再婚。

现实生活中有不少狗血案例，没离婚之前老公给自己买了份寿险，离婚后老公去世了，有一笔200万元的理赔款。老婆觉得自己有权利至少分一半，因为自己在抚养孩子。而老公的父母觉得不应该分给前妻，因为他们已经离婚了，不是一家人了。公说公有理，婆说婆有理，闹到最后只好去打官司。

但如果提前指定好受益人，就能避免这些不必要的纠纷，比如 50% 给父母，50% 给孩子，孩子未成年之前理赔款归监护人支配，如何分配一目了然。

当然，指定受益人的时候最好用心琢磨一下，不然可能会起反效果，没准儿还没到理赔那天亲人就已经反目了。

至于有的人说指定受益人能隔离债务，而法定受益人没有这个效果，这纯属胡说。

不管是指定受益人还是法定受益人，其实都算是明确指定的。只不过一个是你钦点的，一个是法律默认的。

比如，小明生前欠了 500 万元，去世后有 200 万元身故理赔款。不管是指定受益人还是法定受益人，理赔款都不会作为小明的遗产进行债务清偿，而是直接付给小明的受益人。

不过要注意一点，只有理赔款是可以不用拿去偿还债务的。如果你想买份理财险或储蓄型保险进行债务隔离，当心法院强制你退保，用现金价值（就是退保能拿回来的钱）抵债。

最后再说一下，如何指定受益人。

非常简单，如果是线下投保，一般在投保的时候就能现场指定，该填谁就填谁，没什么问题。如果是线上投保，为了保护大多数人的利益，一些产品投保的时候都默认受益人为法定受益人。

线上投保怎么修改受益人呢？

保单生效之后，联系保险公司客服申请修改就好了，按要求提交相关材料或证明即可。以后如果又想改成别人，联系保险公司再变更一下就可以，非常方便。

总而言之，保险的理赔款是拿命换来的，一定要安排好，避免酿成二次悲剧。

第四章

几个不为人知的投保省钱秘诀

买保险一定要挑大公司、大品牌才靠谱吗？

相信很多人第一次挑选保险产品，在考虑要买什么品牌的产品时，首先想到的都是中国人寿、平安、太平洋保险、泰康或者友邦这些平时听得比较多的公司。"买保险"几乎就跟这"五家公司"画了等号。

除此之外，我们很少在第一时间想到别的公司，比如华贵人寿、同方人寿，估计很多人都没听过。

那么，这种"要买就买大公司"的主流思想是正确的吗？

力哥并不这么认为。

我想重点分享的第一个投保省钱秘诀，就要颠覆大家这个认知——**其实买保险不需要关注公司大小，产品好不好才是第一位。**

有的人看到这可能会纳闷，买保险不看公司大小，万一贪便宜买了小公司的产品,将来需要理赔的时候,保险公司倒闭了怎么办?那我的保险不就白买了吗?

相信大多数人都有这个担忧,放心,下面就给大家说说内行人是怎么看待这件事的。

1. 成立保险公司的门槛特别高

有人可能注册过公司,花些钱租个场地再办一下手续就行了,非常简单,注册一家普通的公司几乎是零门槛。但成立保险公司可不一样,级别不够,想都不要想。

京东的刘强东申请了好几年都没有拿到属于自己的保险牌照。后来眼看着马云和马化腾的保险事业发展得热火朝天,只好另辟蹊径,入股安联保险,买了安联近一半的股份,成立了现在的"京东安联"。

那成立保险公司的门槛到底有多高呢?

(1)有钱,要绝对有钱

国家要求成立一家保险公司的实缴资本不是50万元、500万元,而是最低2亿元。

《中华人民共和国保险法（2015年修正）》第六十九条

设立保险公司，其注册资本的最低限额为人民币二亿元。国务院保险监督管理机构根据保险公司的业务范围、经营规模，可以调整其注册资本的最低限额，但不得低于本条第一款规定的限额。保险公司的注册资本必须为实缴货币资本。

更厉害的是，大部分保险公司在实缴资本这部分都远远超出最低标准。以前两年成立的人保养老为例，其实缴资本是40亿元，这个资金体量一般人很难拥有。

哪怕是这样，目前在中国银行保险监督管理委员会（简称银保监会）排队申请的公司也超过了200家，可谓一"照"难求。所以说，保险牌照是我国申请难度最高的牌照之一。

（2）会赚钱，会持续地赚钱

这点从《中华人民共和国保险法（2015年修正）》第六十八条和第七十条能看出来，成立保险公司除了有钱，还要证明自己的公司有持续盈利的能力，说白了就是会赚钱。

第六十八条

设立保险公司应当具备下列条件：（一）主要股东具有持续盈利能力，信誉良好，最近三年内无重大违法违规记录，净资产不低于人民币二亿元；（二）有符合本法和《中华人民共和国公司法》规定的章程；（三）有符合本法规定的注册资本；（四）有具备任职专业知识和业务工作经验的董事、监事和高级管理人员；（五）有健全的组织机构和管理制度；（六）有符合要求的营业场所和与经营业务有关的其他设施；（七）法律、行政法规和国务院保险监督管理机构规定的其他条件。

第七十条

申请设立保险公司，应当向国务院保险监督管理机构提出书面申请，并提交下列材料：（一）设立申请书，申请书应当载明拟设立的保险公司的名称、注资本、业务范围等；（二）可行性研究报告；（三）筹建方案；（四）投资人的营业执照或者其他背景资料，经会计师事务所审计的上一年度财务会计报告；（五）投资人认可的筹备组负责人和拟任董事长、经理名单及本人认可证明；（六）国务院保险监督管理机构规定的其他材料。

原因很简单，保险的"售后"非常重要，而且周期非常长。保险不像手机，今年我们买台 iPhone 12（苹果手机），两年后苹果公司倒闭了，手机坏了没有售后维修，大不了换一个手机，几千元对大多数人来说不算什么。

但保险的售后不一样，周期长达十几年甚至几十年，而且以大额理赔居多，动辄几十万元到上百万元，被保险人都等着保险公司的钱救命，万一发生保险事故的人在最需要理赔款的时候，因保险公司倒闭了而没能获赔，这对社会的安定肯定会有负面影响。

因此，国家对这种隐患肯定要做好防范，否则就是给自己未来的监管工作埋雷。这样看来，索性不如一开始就严格要求，对大家都好。

2. 时刻被监管，乱来就罚款

别以为过了上文所说的门槛就万事大吉了，那仅仅是第一关，之后保险公司还得接受银保监会各种严格的监管，比如资金运用监管和偿付能力监管。

（1）收来的钱不能胡花（资金运用监管）

保险公司发行自己的产品，只要产品过得去，所收保费规模基本上就要上亿元。

这么大规模的资金如果不好好监管，被保险公司拿去炒股、炒房，赚了还好说，亏了的话，拿什么赔给需要理赔的人呢？

所以监管层对保险公司的资金运用设了限制：

《中国保险监督管理委员会令》2014年第3号

第十五条 保险集团（控股）公司、保险公司从事保险资金运用，不得有下列行为：

（一）存款于非银行金融机构；

（二）买入被交易所实行"特别处理""警示存在

终止上市风险的特别处理"的股票；

（三）投资不具有稳定现金流回报预期或者资产增值价值、高污染等不符合国家产业政策项目的企业股权和不动产；

（四）直接从事房地产开发建设；

（五）从事创业风险投资；

（六）将保险资金运用形成的投资资产用于向他人提供担保或者发放贷款，个人保单质押贷款除外；

（七）中国保监会禁止的其他投资行为。

用一句话总结，就是不能把消费者缴纳的保费拿去投资高风险的项目，稳健可靠是第一位。

当然，由于投资范围受限，这也导致大陆理财型保险的收益相对较低。

（2）时刻看你家底够不够厚，赔不赔得起（偿付能力监管）

偿付能力是判断保险公司赔不赔得起的指标。

从我国目前"偿二代"的标准来看，偿付指标在100%

的时候，保险公司第二年倒闭的概率不高于 0.05%。

关于这个指标，一年有四次"测验"，结果会在网上公示，所有公司都得死守 100% 这条线，绝对不敢偏离。不然等着它的就是各种限制措施，比如要求股东增资、限制股东分红、限制商业广告、禁止销售新产品等等。

总之目的只有一个：确保消费者需要理赔的时候保险公司有钱理赔！

3. 兜底兜底再兜底

保险公司其实自己有时候也心虚，常在河边走，哪有不湿鞋。比如一架航班的乘客都买了意外险，每个人 100 万元保额，哪怕只坐了 200 人，飞机坠毁保险公司也得赔 2 亿元！

所以有的保险公司会给自己的保单再上保险，希望出事的时候能拉个人"垫背"，有个人跟自己一起承担理赔，这就是所谓的再保险。

举个例子，小花给自己买了份住院医疗险，生病住院花了不少钱，要找保险公司理赔 100 万元。而保险公司当时在设计开发产品的时候也怕突然哪天生病的人太多，自己赔付压力太大，就找了再保险公司分摊风险。所以按照约定，小花这次的理赔，保险公司自己负责赔 60 万元，再保险公司赔 40 万元，这大大减轻了保险公司的赔付压力。

除此之外，所有的保险公司都要上缴保险保障基金，由国家保管。

简单来说，就是保险公司每卖出一份保险，都要从保费中抽出一部分上交监管机构成立的保障基金。

当某家保险公司经营不善、快撑不下去时，监管机构就会伸出援手，帮助它渡过难关。

过去像安邦人寿、新华人寿、中华联合等公司都被援助过，其中新华、中华不仅缓过来了，而且现在都活得很好，尤其是新华人寿，还在 A 股上市了。而安邦人寿经过重组后，现在已经成为大家保险，原来的保单全部正常保障、正常理赔。

同时，还有保证金制度，保险公司从注册开始就要按照注册资本的 20% 缴纳保障金，把这笔钱存到指定银行。这如同押金，如果保险公司出现问题可以用这笔钱清偿债务。

最后，如果上面说的那些措施都没能顶住，发生了史无前例的"黑天鹅事件"，保险公司还是倒闭了，我们又该怎么办？

告诉你，不用慌，后面还有大招。

《中华人民共和国保险法（2015年修正）》第九十二条明确说了，如果保险公司破产，要先找人接盘，实在找不到，国家会指定一两家公司强制接盘。

第九十二条

经营有人寿保险业务的保险公司被依法撤销或者被依法宣告破产的，其持有的人寿保险合同及责任准备金，必须转让给其他经营有人寿保险业务的保险公司；不能同其他保险公司达成转让协议的，由国务院保险监督管理机构指定经营有人寿保险业务的保险公司接受转让。转让或者由国务院保险监督管理机构指定接受转让前款规定的人寿保险合同及责任准备金的，应当维护被保险人、受益人的合法权益。

一般被强制接盘的公司都是有国有资产背景的大公司，保单还是原来的保单，保费不变，保障内容也不变，原来保什么，接手后继续保什么。

所以说，既然我国保险公司的后盾这么强大，我们就没有必要只盯着大公司、大品牌买保险了，而应该把重心放在保险产品本身的保障内容和性价比上。

只要产品好，价格划算，我们就可以放心大胆地购买！

除了代理人，还有什么渠道可以买保险？

说到买保险，相信很多人第一时间想到的就是找身边在保险公司上班的业务员朋友，也就是我们常说的"代理人"。

代理人大军的规模很庞大，平安人寿就号称自己有"百万雄师"。基本上，每个人身边都会有那么一两个朋友是从事这份职业的，在我们的潜意识里，好像买保险就得找他们。

但真的非找他们不可吗？

当然不是，买保险不一定要找熟人，毕竟有些人"杀熟"杀起来反而更狠。

那除了他们还能找谁买呢？

其实还有很多透明的渠道供我们选择，读完这部分内容，你的选择会更多、更好，下面逐一介绍。

1. 代理人

代理人这种销售渠道是我们最常见的，它最早在1992年经友邦保险引进国内，然后被各保险公司借鉴并发扬光大。

很多人以为代理人是保险公司的员工，但其实这是个误会。保险公司和代理人签署的并非劳动合同，而是代理合同。

就好像一家超市代理了康师傅方便面，康师傅作为供货商提供方便面，超市作为销售渠道代为销售，仅此而已。

通过代理人网络的搭建和扩张，保险公司能够十分高效地把自家产品带进千家万户。因此，这个销售渠道是传统保险公司最为看重的。

代理人渠道最大的优势是"线下"+"1对1"，业务员如果足够专业，就能够给我们提供非常好的体验。由于大多数人选择的代理人都是熟人，作为消费者的我们听他们的建议购买保险，更踏实、更放心。

不过这种方式的局限性也很大，因为代理人跟保险公司签订的是专属代理合同，具有"排他性"。代理了一家公司的产品后，就只能销售这一家公司的产品，可供选择的产品很有限，因此他们为我们提供的方案一般很难平衡好价格和保障内容。要么是保障内容全面但价格贵，要么就是价格便宜但保障不够全面。

另外，代理人的门槛很低，这导致从业人员的素质良莠不齐，遇上靠谱专业的还好，要是遇上心术不正、只想迅速变现身边人脉资源的，他们可能会为了业绩而进行销售误导，让我们花了钱却没有配置到合适的保障。

总的来说，代理人和客户之间的利益并不一致，这导致这些年来大家对保险的印象一直不是很好。

2. 银行保险

银行作为我们见得多接触也多的金融机构，其实也会代销保险。例如中国人寿成为广发银行的大股东之后，广发银行就只卖中国人寿的保险产品了。

我们去银行办理业务的时候，客户经理可能会根据我们的需求推荐一些保险产品，整体来说投保也非常方便。

不过银行保险不一定适合所有人，主要原因是银行保险销售的产品大多以理财险为主，如分红险、万能险、年金险等。

这就涉及我们前文提到的一个问题，对大多数人来说，配置保险应该先配置保障型产品，给自己提供必要的风险保障，预算宽裕的话再考虑理财型保险，获得一个比较稳定的收益。如果配置顺序颠倒，可能会占用我们自身配置纯保障类保险的预算，无法覆盖保障缺口。

所以整体来看，银行销售的保险产品可能并不适合大多数人。

另外，近年来由于监管不力，银行保险销售误导并不鲜见，很多人表示自己只是想去银行存定期，不料被客户经理忽悠买成了理财型保险。

所以银行保险虽好，但不能随便购买，投保前一定要看清楚。

3. 团体保险

团体保险一般会以公司福利的形式出现，公司福利里有没有它，老板说了算。

这类保险一般由公司为我们直接购买，如团体意外险、团体医疗险，价格低，保障内容大多也不错。

但团体保险受制于公司运营成本，大多数企业在给员工配置团体保险的时候，选择的大多是一年期的产品，也就是说团体保险大多是交一年保一年的短期险。

另外，这类保险只有我们在公司工作的时候才能享受，离职之后就没有了。

所以建议大家千万不要把团体保险当作一个非常靠谱、稳定的保障，说不定哪天自己离职了，或者公司为了削减成本不买了，这个保障就没有了。

一般来说，我们把它当作一个额外的补充就好，毕竟现在这个时代，工作流动性大，谁也无法保证会永远在一个公司干下去。天高任鸟飞，海阔凭鱼跃，一个人有更好的机会当然不能仅仅因为一个团体保险就被牵绊住。

当然，长期的团体保险也是有的，但并非"团购"的保险就一定比个人单独购买的划算，一样要擦亮眼对比清楚才行。

4. 电话销售

"喂，请问是尊贵的李先生吗？……"

电话销售保险相信大家都接触过，这是力哥强烈建议不要选择的一种购买渠道。

电话销售的保险为了降低用户的决策成本，促成交易，一般会将保险设置成支持按月缴费的形式，听起来我们每月只需要花很少的钱就能获得比较好的保障。

方便是挺方便的，只要在通话中回答一个"是"，通过信用卡自动扣款，然后我们按时还款就可以了，也不需要专门在线下见面沟通。

电话销售的保险唯一不好的地方就是产品太烂，性价比极低。

电话销售的保险大多以返还型保险为主，比如原本一年只要100多元就能解决的意外险，会卖到一个月三四百元，一年下来就要好几千元，美其名曰强制储蓄，其实特别坑人！

所以大家以后再接到这类电话，任他说得天花乱坠，直接回一句"不需要，谢谢"，挂掉就好。

5. 保险经纪人

经纪人渠道可以看作代理人渠道的进化版，它跟代理人最大的区别是，经纪人可以代理销售多家公司的产品，因此供用户选择的产品也更加丰富。

同时，由于可选择的产品多了，从理论上说，经纪人可以更加客观地站在用户的角度，为用户量身打造更合适的方案。在同等条件下，经纪人的方案比代理人的会更加划算，性价比更高。

当然，目前保险经纪人的从业门槛也不高，从业人员素质良莠不齐，一个不靠谱的经纪人所做的方案可能还不如代理人做的方案好。

能否遇到一个靠谱的经纪人，跟后续获得的保障方案的性价比高低，是有直接关系的。

6. 互联网保险

近些年来网购开始流行,越来越多的商品为了减少中间商赚差价,被搬到网上销售,如衣服、手机、电脑、家具、零食等等。

而保险本身也是标准化的商品,同一个保险合同,你买跟我买,保障内容和定价都是一样的,自然它也可以被放在网上销售。

把保险放在网上销售,不仅可以节约人力成本,不需要给业务员发放高额的奖金,而且能节省公司的场地租赁费用,进而使线上保险的价格一步步下探,达到线下保险无法触达的底价。

另外,由于保险产品所有相关的介绍都直观地展示在网上,各家公司的产品差异更加透明、明显,就像对比同等价位的手机哪一个性能更好一样,只要稍微花点儿时间,我们很容易就能看出来。

这让消费者在选择保险产品时更方便、更容易,同时也可以让各家公司的竞争更充分、更激烈。

俗话说,"鹬蚌相争,渔翁得利",保险公司竞争得越厉害，对消费者越有利，消费者越有机会买到更划算的保险产品。

互联网保险更像经纪人渠道的进化，产品同样丰富，但节省了人力成本，价格更有优势。

当然，互联网保险也不是十全十美的。

在互联网购买保险就跟在淘宝网买衣服一样，整个流程几乎是完全自助的，因此它对消费者的保险知识要求更高，什么都不懂的小白可能无从下手。

如果本身对保险产品了解较少，最好找个经验丰富的人协助，从保费最少的险种下手，如意外险，等逐渐上手了再配置单价更高的险种，逐步完善自己的保障方案。

结合以上内容，我们可以知道，购买保险其实并不需要太过关注保险的品牌，把重点放在产品的保障内容和性价比上即可。

所以，我们可以在网上搜罗更多的保险产品，在琳琅满目的产品里面挑出最优最划算的进行组合搭配，以达到花最少的钱获得最多保障的目的。

目前来看，大致就是这6种购买保险的渠道，它们各有各的优缺点，大家可以根据自己的需求进行选择。

其中，我更推荐大家选择经纪人渠道和互联网保险渠道，相比较而言，它们更加客观，可选范围更大，也更容易买到划算的产品。

网上的保险那么便宜，靠谱吗？

前文给大家分享了6种购买保险的渠道，其中在网上买保险是近几年才流行起来的。很多人被其较低的售价吸引，但又担心这种形式的保险不靠谱，担心未来需要它理赔、雪中送炭的时候发挥不了作用。

力哥完全理解这种心情，下面就给大家分析一下，在网上买便宜的保险，到底靠不靠谱。

简单来说，保险的购买渠道就两种，一种是线上渠道，一种是线下渠道。

就好比我们买苹果手机，不管是在淘宝天猫店买还是跑去苹果线下体验店买，其实手机还是那个手机，都是苹果公司生产的正版产品。

由于线上销售的保险不需要经过代理人之手，不需要发销售佣金，同时也没有场地和人工的限制，运营成本更低，所以普遍来看，网上卖的保险一般要比线下卖的便宜不少。

有的人觉得线上渠道销售的保险不靠谱，其实最主要的原因还是网上推荐的产品，大多是些不出名的公司推出的。比如百年、弘康、复星联合之类的，很多人听都没听过，更别说把自己的"终身大事"托付给它们了，我们总是担心这些"小"公司会倒闭。

关于这个问题力哥不再赘述，前文我们深度探讨过，不太明白的可以回顾一下。

其实，我们只需要记住一句话就可以了，不管发售产品的保险公司是大是小，只要是国家批准可以在市场上销售的产品，就是靠谱的！

说白了，不管是代理人卖的，还是网销保险，它们都是保险公司推出的，只是我们购买的渠道不一样罢了。

那么，怎么验证网上买的保险是不是正版货呢？非常简单，告诉大家几种验真的方法。

1. 打保险公司客服电话

在网上买保险效率很高，这边我们刚填完资料提交，那边保险公司立马就能收到所有的信息，信息化时代，讲究的就是高效、便捷。

买完保险，你的邮箱收到电子保单之后，你就可以打电话给保险公司的客服，报上自己的姓名和身份证号查询。只要客服能在系统里查到，就说明你买的这个保险是真的。

2. 查询官网、微信公众号或官方 App

现在公司都很时髦，几乎都开设了自己的官方微信公众号，有的甚至还开发了自家的 App。投保后尝试在上面绑定自己的个人身份信息，查看是否有投保记录即可，只要能查到就说明保单肯定是真的。

当然，由于涉及数据之间的传输，个别公司的系统需要在投保后的第二天，也就是保单生效日才能进行查询。

3. 在官网上传电子保单验真

这个也很方便，网上投保后一般 10 分钟之内就能收到电子保单。

有的公司在官网上提供了电子保单验真服务，比如复星联合健康。

进入复星联合健康的官网，点击"保单验真"，上传投保后电子邮箱收到的电子保单的 PDF 文件，稍等片刻就能看到验真结果。

4. 官网输入个人信息验真

同样，官网也可以输入个人信息进行保单验真，以中国平安保险公司为例。

从官网进入保单查验界面，输入姓名、生日和保单号就能查验。

只要是正版产品，不管用上面哪种方法，肯定都能查到。

最后，提醒一下大家，无论是通过什么渠道购买保险，一定要先规划好产品，只有认清了自己的需求，才能不花冤枉钱。

缴费期限怎么选最划算？

前文提到想要看懂一份保险合同，必须注意合同所列的几个数字，比如保额、保费、保险期间和缴费期限。

这四个选项都可以根据我们自己的需求选择，比如保额，就是发生风险时保险公司需要理赔给我们的金额，保费则是根据被保险人的年龄、性别和选择的保额计算出来的，保险期间是保障时间的长短，而缴费期限是缴费时间的长短。

相信很多人非常纠结的一点就是缴费期限的选择，跟我们买房子还房贷一样，我们可以选择10年、20年甚至30年。

时间越短，每年的缴费压力越大，但总保费越低；缴费时间越长，每年的缴费压力越小，但总保费越高。

那么这个缴费期限到底怎么选择才最划算？

现在，大多数产品的缴费期限都很灵活，可以选择一次性缴清（趸交），也可以选择分 5 年、10 年、15 年、20 年、30 年缴。

跟房贷一样，一次性缴清的总保费最少，而 30 年缴清的总保费最多，但每年平摊下来的金额最少。

以某款消费型产品为例，30 岁男性，50 万元保额保终身，10 年缴清总共是 10.9 万元，30 年缴清总共是 15.8 万元，账面上是要多花 4.9 万元。

这么说，是不是越短的缴费期限越好？并不是。

即便缴费期限越长，总保费越多，也建议大家优先考虑选最长的缴费期限，越长越好，原因有三。

1. 每年保费压力小

30 年缴清，每年的保费是 5 273 元，而 10 年缴清，每年是 10 998 元。

选 10 年缴费期，给自己一个人配置还好说，咬咬牙还能承担，但对大多数家庭而言，一家好几口人，合在一起每年就得大几万元的保费，压力太大了。

选 30 年缴费期，每年保费压力更小，可以配置的保额更高，保障内容更全面，这是以时间换"空间"。

至于多花的那些"利息"，跟房贷一个道理，通货膨胀会帮我们减轻这个副作用。

2. 杠杆比更高

这个词很多人可能没听过，简单来说就是，获得的保额和已缴保费总和的比值。

比如缴了 1 万元保费，获得了 50 万元保额，那杠杆比就是 50。已缴保费 2 万元，获得了 50 万元保额，杠杆比就是 25。

杠杆比越高越好，它代表我们花更少的钱，获得了更高的保障。

以 10 年缴费和 30 年缴费为例，假设第一年就不幸出险，看看它们的杠杆比差多少。

$$\frac{保额}{已交保费} = \frac{50万}{10\,998} = 45.46$$

$$\frac{保额}{已交保费} = \frac{50万}{5\,273} = 94.82$$

很明显，差了一倍有余，30 年缴费期杠杆比更高，对我们更有利。

3. 保费豁免概率高

现在大部分有点儿良心的重疾险产品，都有轻症和中症豁免，特别实用。

豁免是什么意思？

就是在缴费期限内，如果被保险人不幸得了轻症或中症，保险公司不仅要赔钱给他治病，而且会免掉后续的所有保费，保障继续有效。

比如，二花给自己买了份 50 万元保额的重疾险，选择交 30 年保终身。刚交第 1 年，二花心脏就出了问题，做了微创冠状动脉搭桥手术。保险公司不仅要赔她 15 万元作为轻症理赔款，同时还要免除二花剩余 29 年的保费，保障继续有效，直到二花确诊重大疾病或者去世为止（如图 4-1 所示）。

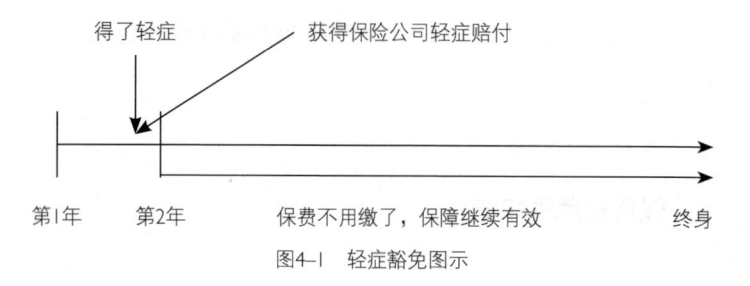

```
得了轻症          获得保险公司轻症赔付
   ↓                    ↓
───┼────┼──────────────────────────────→
 第1年  第2年    保费不用缴了，保障继续有效      终身
```

图4-1　轻症豁免图示

所以说，缴费期限选得越长，豁免的概率越高，对我们越有利。

那么，什么情况下我们要考虑缩短缴费期限呢？

力哥建议收入不稳定的人群，可以考虑适当缩短缴费期限。

比如有些人是做生意的，收入波动比较大，有的时候生意好，可以趁手头宽裕先把保险买好，以免未来生意不好的时候承担不了保费。

另外，还有一些特殊情况，比如有的人从事的职业跟年龄挂倒钩。大多数职业越老越吃香，但像健身教练或者模特这类职业，年轻的时候赚得多，年纪大了收入反而会大幅下降。这种情况也可以选择较短的缴费期限，趁年轻收入多的时候缴完，免得老无所保。

总而言之，对大多数人来说，缴费期限越长越好，但也要具体情况具体分析，切莫生搬硬套。

保险防忽悠指南

近几年，有很多理财自媒体同行，一直在努力传播保险是家庭理财规划中不可或缺的一部分的理财理念，也经常建议大家根据实际情况购买一些适合自己的保险产品，这是非常正确的。

但是，正确的理财理念遇上混乱不堪的保险市场，还是会让很多人感到"累觉不爱"，以致很多人一听到保险就会绕着走，毕竟很多人都有被不良的保险业务员坑害的惨痛记忆。所以，今天就给大家说一说那些保险公司打死都不肯说的秘密，告诉大家如何才能不被保险公司忽悠。

首先，给大家讲一讲大多数人在购买保险时都会中招的认知误区。

最常见的一个误区第二章已经单独分析了，就是人们喜欢买返还型保险。

其实只要买保险，必然就是给保险公司送钱。但懂得复利效应的人都知道，选择消费型保险，然后把省下的保费自己拿去投资，最后到手的钱比保险公司返还的要多得多。

所以力哥一直推荐大家一定要买消费型保险，而不是返还型的。

第二个误区，很多人把保险当成一种家庭日常消费，就像买衣服一样，最好钱货两讫，一次性搞定，只要买过保险，就觉得心事了了，觉得以后可以高枕无忧，再也不做任何更新了。

实际上，商业保险的种类非常多，知识体系也很庞杂，在买保险时，如果不是非常确定，为了防止买错保险，其实没必要一次性全配齐。

因为你要知道，眼下保险买少了，以后还可以根据家庭财务状况和保险需求的变化，逐步增加，甚至同一个品种的保险，过几年发现保额不够了，加买一份也很正常。

但反过来，一味求快求全求省事，万一保险买多了买贵了买错了，就进退两难了，因为退保的损失非常大，很可能本金要亏损 50% 以上。

另外，买好了保险要记得定期检查更新，看一看需不需要补充一些新的保险，尤其是早期经济收入不太高而选择短期保险的人，在条件允许的情况下，及时做出相应的调整和补充，筑高自己的家庭财务防护堤。

总之，保险的配置原则是不断做加法，而不是做减法。

不过，比起我们在购买保险时经常中招的误区，在要求保险公司理赔时碰到的各种猫腻才是真的坑。

你在买保险的时候，保险代理人和你说得花好稻谷好，天花乱坠，让你在什么都没弄清楚的情况下就签字掏钱了。可是等到申请理赔的时候，你可能会发现，保险公司居然会给出各种拒赔理由，这个时候你就傻眼了。

所以，我们在购买保险之前一定要搞清楚，哪些情况保险公司会拒赔，也就是保险公司经常使用的拒赔理由有哪些。

最常见的一个拒赔理由就是没有如实告知。

有的业务员会为了自己的业绩提成弄虚作假，比如在购买健康险的时候，你作为被保险人，需要填写一张健康告知书，有些业务员为了顺利成交，会让被保险人一律在"否"那一项上打钩儿，表示自己过往没有任何疾病。

结果，当保险公司需要掏钱理赔时，它一查你的病史，发现你原来有些病史没有如实告知，那么不好意思，拒赔。

这种拒赔理由是合法的，因为健康告知都白纸黑字写在保险合同里了，只是你没有细看，光听保险代理人一面之词，被忽悠了。

有的业务员做得更过分，甚至会代替投保人签字，真到了要理赔的时候，保险公司以签名造假为由认定保单无效，把保费退你了事，你一分钱都拿不到。

除此之外，保险合同本身的复杂性也会导致各种拒赔问题，尤其在重疾险方面。

比如，你买的重疾险包含轻症，所谓轻症，就是目前疾病症状还算比较轻，但如果不加注意也会发展成重大疾病的那些病，实际上有些也是很严重的，而且发病概率不低，比如单侧肾脏切除，但目前银保监会并没有统一的规范。

这样一来，有的公司就会故意在轻症上大做文章，比如，把单侧肾脏切除这种高发轻症全部换成相对罕见的疾病，看似保障的疾病数量一大堆，实际上根本用不上。

那么面对保险公司的种种猫腻，我们该怎么办？

说老实话，目前还没有一劳永逸的解决办法，只有多学习多思考，尤其是要仔细看保险合同，千万不能偷懒，有看不懂的地方一定要问专业人士。

当然，这里的专业人士绝对不包括向你销售产品的保险代理人，一是这个工种本身的从业人员专业素质参差不齐，他们更懂保险销售技巧，而不是真正的保险知识，二是就算他真的懂，但为了能让你赶快下决心掏钱买保险，也不见得会一五一十告诉你，所以你得请教中立客观的第三方才行。

说完了在购买保险时常见的误区和猫腻，接下来说一下我们如何才能判断一份保险值不值得买。

具体看以下两点。

第一点，看这份保险的保障内容实不实在，保障的疾病或风险是不是高发的。

比如，航空意外和一般意外就是两个概念，一般意外包括了所有你生活中可能发生的意外情况，发生意外的概率会相对高一些，而航空意外就只管坐飞机时出的意外，那是几百万分之一的极小概率，所以我们应该优先选择保障范围更大发生概率更高的险种。

第二点，看这份保险的价格在同类产品里面是不是更划算。

不同公司的产品，即便是同样的保障内容，价格也会差很远，建议大家在配置保险的时候一定要选综合性价比更高的。

同时，对普通家庭来说，购买消费型保险的保费最好控制在家庭年收入的3%~8%，收入越高，能承受的保费基数越大，相应的比例越高。而业务员口中的"双十原则"，也就是拿出年收入的10%买保险，保额是10倍年收入的说法，是非常死板的规则，生搬硬套对家庭并没有任何好处。

总之，一定要记清楚买保险的两个关键词：一个是"必要"，另一个是"划算"。保险很重要，千万别稀里糊涂掏了冤枉钱。

关于购买保险的防忽悠指南就讲到这里，大家一定要当心！

第五章

投保后的四大必备锦囊

务必妥善整理并保管保单

配置保险是个大工程,每个家庭成员的情况都不一样,以目前市场上的产品来看,很难通过某一家公司的产品满足家庭所有成员的需求。

因此,为了满足保障需求以及获得更具性价比的保险方案,我们不得不配置多家公司的多个保险产品,以构建出一个完善且科学的保障方案。

不过性价比虽然高了,也衍生出一个问题,那就是配置了多家公司的多个保险产品之后,时间一久大部分人就记不清自己当初的方案详情了,记不清具体的保障内容,也记不清哪天该缴保费。

这看似是个无关痛痒的小问题,但对我们来说,这其实是个非常大的隐患。力哥提醒大家,在完成保障规划的同时,切记一定要尽早做好保单管理,保证自己无论何时都能对当时自己所配置的保障了如指掌。

首先跟大家说个事实,保险公司是不会主动进行赔偿的。

比如,小明给自己买了份 100 万元的意外险,谁也没告诉,有一天小明不幸发生意外去世了,家人本该找保险公司理赔 100 万元,可是由于大家都不知道小明有这份保险,都没找保险公司理赔,那么这笔赔偿款保险公司就"省"了,小明之前交的保费也白交了……

为什么保险公司不能主动给出险的人赔钱呢?

因为保险公司不是公安局也不是医院,没有相应的权限可以随时调取相关信息,我们不说,保险公司压根不知道被保险人到底出没出险。而且保险公司不可能派个人天天追踪我们的生存情况,那样成本太高了。

所以,目前几乎所有的保险,都要我们主动跟保险公司申请理赔,保险公司审核通过后再进行赔偿。

当然也有特殊情况,比如发生空难之类的事件,引起了社会关注,这个时候保险公司可能会跑出来,主动联系被保险人进行理赔。

这么做的目的,其实主要是想蹭热度,打广告。

所以，大家买完保险后一定要管理好自己的保单，避免花了钱，又不幸出了事，最后却一分钱没拿到。

下面给大家分享一个我自己正在使用的保单管理方法，总共两个步骤，很简单，也很实用。

1. 建立 Excel 表格

简单来说，就是自己用 Excel 表格搭建一个基本的框架，把保单上的一些关键信息填进去。

不管什么时候，只要打开这个 Excel 表，就能对自己乃至整个家庭的保单了如指掌。

大家可以参考一下这个模板（如表 5-1 所示），里面包含的信息有"险种、承保公司、保险名称、保障内容、保额、保单生效日、保单结束日、保障年限、每年保费、缴费日、缴费期限、缴费银行卡、保单号、报案电话"。

表5-1 家庭保单管理汇总表（2019年1月1日整理）

成员	险种	承保公司	保险名称	保障内容（保什么）	保额（出事赔多少钱）	保单生效日	保单结束日	保障年限	每年保费	每年缴费日	缴费期限	缴费银行卡	保单编号	报案电话
先生	寿险	华贵人寿	大麦	1.等待期：90天 2.意外身故或全残：保额 3.90天后疾病身故/全残：保额	100万元	2019/1/1	2049/12/31	30年	1510元	1/1	30年			400-684-1888 0851-88574001
	重疾险	百年人寿	康惠保旗舰版	1.等待期：90天 2.保障35种轻症+20种中症+80种重大疾病 3.轻症保额：额外赔保基本保额的30%，不同的轻症最多赔付3次 4.中症保额：额外赔付基本保额的50%，不同的中症最多赔付2次 5.被保险人轻症、中症豁免身故、全残豁免	50万元	2019/1/1	/	保终身	5273元	1/1	30年			95542
	住院医疗险	人保健康	好医保长期医疗	1.等待期：30天 2.报销住院花费，包括手术费、药品费、特殊门诊门诊手术等 3.重大疾病0免赔，其他病种6年共享1万元免赔额	一般疾病或意外，报销200万元；100种重大疾病，报销400万元	2019/1/1	2024/12/31	6年	229元（保费根据年龄调整）	1/1	6年			95591 或支付宝蚂蚁保险报案

续表

成员	险种	承保公司	保险名称	保障内容（保什么）	保额（出事赔多少钱）	保单生效日	保单结束日	保障年限	每年保费	每年缴费日	缴费期限	缴费银行卡	保单编号	报案电话
先生	意外险	上海人寿	小蜜蜂	1.意外身故、伤残：50万 2.意外伤害医疗：5万元 3.意外住院津贴：230元/天 4.交通意外：额外赔付20万元	50万元	2019/1/1	2020/12/31	1年	125元	1/1	1年	/		4009118118
	寿险								总计：6 908元					
	重疾险													
	住院医疗险													
太太	意外险								总计：					

基本上"保什么、保多少、缴多少钱、缴多久、怎么理赔"都有了，如果这些项目不够，你可以继续加、继续完善。

这个表格可以记录保单最重要的信息，清清楚楚，一目了然。

填好之后，把整理好的表格和表格里各保险的电子保单，都放进一个电脑文件夹或者存到网盘分享给家人。

（如果你想要这个表格模板，关注微信公众号：荔枝保，在后台回复"表格"就能收到下载链接。）

2. 打印 / 申请纸质保单

现在很多公司都在往无纸化办公方向走，能用电子文档就不用纸质的，所以一些保险公司开始不主动给用户提供纸质保单，只往邮箱发一份电子保单。

这个方向是好的，力哥举双手赞成，但我们父母那一辈可能接受不了，或者不知道怎么查看电子保单。

所以，建议大家投保之后，打电话给保险公司客服，申请寄送纸质保单。

需要注意的是，有一些短期险由于保费太低，保险公司承担不了打印寄送的成本，这种情况我们可以自行打印。保险公司系统都有我们的承保信息，打印出来只是提醒自己有哪些保障。

跟归档电子保单一样，我们可以把这些纸质资料都归在一个文件袋里，和存折、证件之类的贵重物品放在一起，让家里人知道有这么件事。

说了这么多，总结一下就是两句话：归档好电子资料，同时归档好纸质版资料。

至于投保的时候，某某业务员说的"放心，你的保单管理工作交给我就行了，以后有啥事直接来找我"，这种话就跟谈恋爱时男生说的情话一样，听听就好。几十年的事儿，说句不好听的，靠山山倒，靠人人跑，没遇上是运气好，遇上了也实属正常。

好在不管业务员怎样，我们的保单都不受影响，我们都是直接跟保险公司签订的合同，业务员只是承销渠道，最后理赔直接找保险公司就行了。

保单管理这件事很小，却很重要，希望大家都能花点儿时间整理一下。

最后，有个细节必须跟大家说一下，现在有些网站、

App 或者微信小程序，支持上传保单，帮助记录和管理，有的甚至还能在缴费日之前免费发短信提醒我们续费。

从功能上来说，这种第三方平台还是很好的，能用这样的方式把大家的保单方便地管理起来。但说实话，这些平台都是个人或商业公司的，没有非常强的公信力。

强烈建议大家不要上传保单，让它们代为管理，主要是怕信息泄露。

毕竟保单记录了我们大量的个人信息，包括真实的姓名、身份证号、联系地址、手机号、银行卡号等等，这些信息一旦落到不法分子的手里，后果就不堪设想。

所以，千万别贪图一时的方便，把如此重要的信息交到目前看来并不可信的第三方商业机构手中。

投保后市场上出现更好的产品，如何更新保障方案？

前面力哥一直强调商业保险公司是以营利为目的的商业机构，而想要不断地获得盈利，保险公司必须不断地设计推出具有市场竞争力的保险产品，以刺激市场需求，和同行竞争。

对大多数消费者来说，这个模式是好的，鹬蚌相争，渔翁得利。

但对一些已经配置好保险的人来说，后续不断有更好更便宜的产品推出，他们心里肯定不好受，总感觉自己买早了。

最好的情况当然是保险公司能帮我们一代代升级，可现实是，大多数保险公司并没有这项服务，而我们也不可能一直等着最好的产品出现，因为谁也说不准风险会在什么时候不期而至，万一在等待的过程中发生风险，可就后悔莫及了。

同时，即便是平安无事，在等待的过程，我们的年龄也是不断增长的，而保险的保费跟年龄直接挂钩，年纪越大保费越贵，将来可能会出现一种情况，虽然市场上有了更高性价比的产品，但由于我们的年龄大了，保费反而比之前更贵了。

所以，一直等下去是不现实的，早配置早保障才是最正确的选择，只要确保当下我们所构建的保障方案是综合性价比最高的即可。

那么问题就来了,如果之后市场上有了比当初自己配置的保险更好的产品,我们该怎么办?有没有必要更换成最新的呢?这就得具体情况具体分析了。

对大多数人来说,力哥不建议大家被保险公司牵着鼻子走。如果我们本身配置的已经是当下性价比最高的产品,以目前的产品定价来看,继续开发价格更低的产品的难度非常大,就只能加量加价。

换句话说,大多数新产品只能多加一些保障内容,同时价格也上涨一些,升级的意义并不大。

但对于购买时间较早,当时市场竞争还不够充分的人来说,他们想追求极致性价比,可以从三个维度判断一下有没有更换产品的必要。

1. 身体状况是否符合新产品的健康告知?

前面我们多次提过,配置健康险,如寿险、重疾险和医疗险,健康告知是一个不可避免的环节。我们必须满足保险公司的健康要求,才能顺利投保,否则理赔的时候会产生纠纷，保险公司有拒赔的权利。

因此，如果市场上有更好更划算的新产品，我们不妨先看看自身是否满足其健康告知。否则即便它再划算，我们也没有购买的资格。

2. 更换产品是否有保障空窗期？

除了意外险，跟健康相关的产品一般都有等待期。等待期又叫观察期，就是保险公司观察我们身体有没有异常的时间，这段时间保险公司不提供保障。

比如买了重疾险，等待期 90 天，90 天内如果被保险人得了重疾，保险公司一般会退还当年的保费，不予理赔。但如果是在第 91 天的时候确诊重疾，就可以正常申请理赔。

重新配置一个产品难免要重新过等待期，如果考虑不周，就会导致原来的保险停了但新的保险还没起到保障作用，出现保障空窗期对我们来说特别不利。

因此，更换新产品之前，我们一定要计算清楚，原产品剩余的保险期间能否覆盖新产品的等待期，确定能覆盖了再考虑新产品，否则不建议为了省一点儿保费而冒这个风险。

力哥建议，等新产品的等待期完全过了，再考虑退保原先的产品。

3. 新产品是否更划算？

新产品虽然大概率会比之前推出的产品定价更低，但别忘了，我们原本的方案已经缴了一段时间的保费，剩余的缴费期限比重新投保更短，这时候就要算算未来的待缴总保费哪个更低。

比如，原来的产品是5 000元一年，已缴2年，还剩28年，未来总共待缴的保费是：5 000元×28=14万元。

新品虽然便宜，但要重新缴30年，而且由于2年过去了，我们的年龄变大了，保费更贵了，新品虽然便宜也要4 700元一年，30年算下来是14.1万元，反而比原方案花的总保费更高，这时就没有太大的必要更换了。

反之，如果新产品未来的待缴总保费不仅比继续缴旧方案的更少，而且保障内容更好更全面，就可以考虑更换。

因此，换与不换并不是拍脑袋决定的，而是需要结合以上三个维度仔细考量的。确定三个维度都符合更换的要求了，再考虑动手操作。

如何理赔和退保？

前文讲了从险种到家庭各成员的方案配置，以及各种投保渠道，已经将投保售前的重点问题给大家剖析清楚了。接下来我们讲讲投保之后，如果想顺利获得理赔该注意哪些地方，以及如果对保险产品不满意，想退保又该如何操作。

我们先分享几个需要注意的细节，它们能帮助我们在未来发生不幸需要理赔的时候更顺利一些。

第一个细节，就是在投保的过程中，一定要如实告知，不要抱有侥幸心理，因为保险公司查找过往病史的能力非常强，一旦发现你说谎了，保险公司拒赔的概率就会很高，而且这个原因导致的拒赔完全受条款保护，很难通过投诉或诉讼解决。

第二个细节，就是千万不要把我们的医保卡借给身边的亲朋好友，特别是不要借给我们的长辈开一些控制慢性病的药物，比如降血压或降血糖的药。

因为医保卡会保留所有的购买记录，都会被记在医保卡的主人头上，如果保险公司查到我们购买过降压药，会认为我们在投保之前就得了高血压，涉及健康告知的内容属于不如实告知，可能会因此提出拒赔。

第三个细节，保险合同本身比较复杂，尤其是重疾险，最好找专业人士帮忙。同时，投保前一定要仔细阅读保险合同上的条款，特别是保险责任、责任免除以及重疾定义这个三部分，弄明白保什么和不保什么，做到心中有数。

千万不要以为买了保险就什么都能保，不同的产品保障范围和要求都不一样，投保前仔细阅读保险合同是非常必要的一环。

如果不幸发生保险事故需要理赔，该怎么做呢？不同的险种和产品，理赔的方法都一样吗？

其实不管是什么险种，理赔的步骤都是类似的。

首先，我们需要向保险公司报案，告知保险公司自己已经出险了。报案的渠道有很多，最简便的方法是打保险公司的客服电话，理赔有专门的报案通道。如果是小额理赔，也可以在保险公司的官网或官方微信公众号进行报案。

报案后保险公司会告诉我们需要准备哪些资料，比如重疾险需要医院的确诊报告，医疗险需要相关的住院票据，我们根据实际情况准备材料即可，工作人员也会给出相应的指引。

其次，准备好资料之后，按照保险公司的要求提交资料。一般小额的理赔，我们把相关材料通过拍照上传的方式上传到保险公司指定的网页上即可。如果金额较大，一般要把相关资料寄送到保险公司指定的核赔部门进行人工审核。

有一个小知识点需要注意，《中华人民共和国保险法》对理赔的审核是有时间要求的，自保险公司收到理赔材料后，审核时间最长不能超过 30 天，也就是说，30 天内保险公司必须给出答复。

如果保险公司认为我们准备的资料不够齐全，必须一次性告知，这就避免了保险公司以此为借口拖延时间。

因此，当资料提交完成之后，我们只需要耐心等待保险公司审核。审核通过了，理赔款会通过银行转账的方式，打到保险受益人的银行账户上。

如果理赔不通过，保险公司也会给出相应的理由。因此，在理赔的时候我们不用担心保险公司会故意拖延时间不理赔。

至于是否选择退保，我们前文已经全面剖析过，需要注意两点。

第一，我们要算清楚在当时的情况下退保是不是比续保更划算。

第二，我们要特别留意退保的时间。

如果是在犹豫期内退保，可以退还全部保费。所以，收到保险合同一定要再认真阅读一次。比如发现父母、长辈买了不靠谱的理财保险，一定要用好犹豫期，抓住最低成本的纠错机会。

只要在一个保单年度内，早退晚退，退回来的现金价值是一样的，所以力哥建议等差不多到下次缴费之前再退保，可以利用好整个保障期，榨干保单的最后一滴价值。

如果准备更换新产品，力哥建议最好新产品的等待期完了之后，再考虑退掉原来的保险，不要让自己的保障出现空窗期。即使在新产品还没生效的时候不幸发生疾病或意外，也有原来的保险帮我们兜底。

确认好之后，跟申请理赔一样，联系保险公司客服申请退保即可。在犹豫期内，一般经过保险公司的电话回访确认之后，就可以很快捷地完成退保。

如果超出犹豫期，这时退保会有损失，有的保险公司会要求用户签署退保损失确认书，以确保我们是清楚了解退保所导致的损失的。材料准备好了，提交上去就可以了。

最后，再提示一个小细节，退保并不复杂，只要投保人自己同意即可，其他人无权干涉。

理赔遇纠纷，
如何与财大气粗的保险公司"对抗"？

前面的内容我们重点讲了如何给家庭科学地构建保障方案，如何尽可能地避免各种"坑"，以及如何申请理赔和更新方案，接下来给大家讲讲万一理赔遇到纠纷，作为普通人的我们，该如何跟财大气粗的保险公司对抗，以维护自己的权益。

在开始之前,力哥还是要再强调一次,在购买保险之前必须记住两个原则。

1. 如实过健康告知

对配置家庭保障的我们来说,我们主要涉及的险种如寿险、重疾险和医疗险,都需要过健康告知,只有健康告知是如实通过的,理赔才不容易遇到纠纷。

2. 仔细阅读条款

买保险就是跟保险公司签订合同,作为成年人的我们,无论签署什么合同,阅读合同都是我们应尽的义务。

在阅读保险条款时我们应该重点关注两处:一个是保险责任,规定了保障内容是什么,也就是这个保险是保什么的;另一个是责任免除,规定了什么情况是不保障的。比如,医疗险责任免除提到的既往症,指的是投保前就患有而且现在还没有完全治愈的疾病,如果是因为既往症导致住院,保险公司不理赔。

保险合同中的这两处，一定要仔细阅读。

可是，如果做到以上两点，确认自己投保时如实告知了健康情况，也达到了保险合同所说的理赔标准，还是被拒赔了该怎么办？

要想维权，主要有两个途径，一是找银保监会投诉；二是走法律程序，也就是打官司。

先说第一种，找银保监会投诉真的有用吗？

放心，我们向监管机构投诉，不管最后能不能实现我们的理赔要求，我们都不会被敷衍了事，监管机构一定会帮我们追查到底。因为在保险这件事上，国家是偏向保护普通人的权益的。

对保险公司来说，它们对此也非常忌惮。业内有句俗话侧面印证了这一点，"一天一个12378，理赔款项全到家"。其中"12378"是银保监会的投诉电话，指的就是万一遇到理赔纠纷，我们只要坚持不懈地向银保监会进行反馈投诉，纠纷总是能解决的。

这虽然有一定的夸张成分，但可以从侧面反映出监管机构对此类事情的处理力度。

如果投诉解决不了问题，我们还可以采取法律手段维权。

力哥总结了一下过往保险公司的拒赔理由，除去一些被保险人自身没搞清楚保障内容的合理拒赔，比如等待期内患病、超出保险期间、错把意外险当重疾险使用等，剩余的纠纷大多集中在两个方面，一是保险公司认为我们没有如实通过健康告知，二是认为疾病没有达到理赔标准。

我们先说第一种情况，遇到这种情况该怎样应对。

面对这种情况，如果我们如实通过了健康告知，保险公司还以某些小问题抠字眼拒赔，我们大可不必担心，直接搬出"两年不可抗辩条款"即可。

不可抗辩条款，其基本内容是：投保人故意或者因重大过失未履行前款规定的如实告知义务，足以影响保险人决定是否同意承保或者提高保险费率时，自保险人知道有解除事由之日起，保险人的合同解除权超过三十日不行使而消灭。自合同订立之日起超过两年的，保险人不得解除合同；发生保险事故的，保险人应当承担赔偿或者给付保险金的责任。

简单来说就是，保险公司承保超过两年之后，不能因为一些鸡毛蒜皮的小问题而拒赔消费者。比如投保之前做过肾结石碎石手术，康复多年了，投保的时候健康告知提到了"过往是否因疾病做过手术"，由于时间久远问题也不大，过健康告知不慎遗漏了这点，投保人没有主动告知，保险公司以此为由拒赔。

在这种情况下，我们可以使用两年不可抗辩条款，与保险公司据理力争。根据谁主张谁举证的原则，除非保险公司能够证明当年的肾结石跟现在所患的重大疾病有直接关系，法院才有可能判定拒赔合理，否则这份保单该怎么赔还是怎么赔。

有了两年不可抗辩条款的存在，保险公司就不得以投保人误告、漏告等为由拒绝赔付，它是专门保护投保人和被保险人权益的条款。

当然，两年不可抗辩条款也不是万能的，健康告知还是要如实通过，存在重大过失，如明知现在已经患有保险公司限制的肝硬化，还不如实告知，投保了重疾险，后期罹患肝癌被拒赔也是很难通过法律手段胜诉获赔的。

说完保险公司认为我们没有如实通过健康告知的情况之后，再来看看如果保险公司认为我们所患疾病没有达到理赔标准该怎么办。

这类纠纷大多是因为疾病治疗方法不符合保险公司的要求。比如，随着医疗技术的发展，有些疾病的治疗手段早已进化，原本需要做开胸手术才能治疗的疾病，现在只需要做微创手术就可以治好，这对患者本身伤害更小，治疗效果更好。

总不能为了一个保险理赔款而选择老旧的手术方式进行治疗吧？

如果是这种情况，其实不用担心，我们当然有权利选择最新、最好的治疗方式。

2019年12月颁布的《健康险管理办法》第二十二条规定：保险公司拟定医疗保险产品条款，应当尊重被保险人接受合理医疗服务的权利，不得在条款中设置不合理的或者违背一般医学标准的要求作为给付保险金的条件。

简言之，保险公司不能因为条款里要求进行开胸或开颅手术才可以理赔，而对使用了目前最合理治疗手段的我们提出拒赔。

如果保险公司因此拒赔，我们可以以这个管理办法向法院提起诉讼，要求保险公司如约理赔。

当然，力哥只是举了两个最常见的例子，拒赔案件情况不一，我们能够做的就是投保前如实告知，看清条款，尽可能规避将来的纠纷。而面对纠纷我们也不用太过担心，要勇敢捍卫自己的权益。

有一项数据可以分享给大家，2020年70多家保险公司发布的理赔报告显示，平均理赔率达到了97%，有的更是达到99%。

由此可见，理赔是一件很正常的事，拒赔才是小概率事件。

讲了这么多，到了最后总结的时刻。

其实，力哥讲保险和力哥讲理财的其他所有细分知识领域一样，都是我个人长期理论学习和实战经验的提炼总结，这就使本书有些内容和保险教科书的观点不太一致，和保险公司给保险代理人灌输的"保险知识"差得就更大了。

保险是一种比较复杂且有一定个性化特征的理财工具，毕竟，我们每个人的家庭状况不同，经济条件也不同，我们对生活的要求更是不同，所以在产品的选择、保额的设定上，每个人都会有不一样的理解。力哥说的保险知识，大家不要无脑照搬，最好能根据自身情况，活学活用。

最重要的是，力哥希望大家在看完这本书后能对保险重视起来，最好能把本书的知识点回顾一遍，把不会不懂的内容搞明白，整理出一个清晰完整的投保思路。然后对自己的财务状况做一个梳理，认真考虑给自己和家人买什么保险。

另外，在购买保险时，一定要多花点儿时间对市面上的产品分析比较一下，不要盲目听信保险代理人的说法，也不要身边的朋友买了什么就跟风买，关键是自己要搞清楚这款产品为什么值得买，为什么最适合自己。只有把这些都搞清楚了，将来才不会突然后悔，那时候后悔的成本可就高了。

希望本书能让你在未来购买保险时，买得清清楚楚，明明白白。

最后，祝大家未来都能平安快乐！

附录 1

定期寿险对比评测

在正式评测之前,我们先简单回顾一下寿险的作用。

寿险,简单来说是去世了就赔钱的保险,除了自然身故,还可以是因意外或疾病身故。总之,只要人不在了,保险公司就赔钱。

力哥说过,寿险是最让人窒息的一个险种,尤其以消费型的定期寿险为代表,它是唯一铁定和你本人无关的保险,因为当你赢得这场保险"赌局"的时候,也就是你离开这个世界的时候。

反之,平平安安活着,你就会感觉保费打了水漂。

但它对家庭来说是最重要的险种。

因为寿险体现的是家庭责任,对家庭经济支柱而言尤其重要。万一自己在还需要偿还房贷、抚养孩子的壮年不幸撒手人寰，虽然人死不能复生，但配偶和孩子能从保险公司获得一大笔保险赔偿金。

靠这笔钱，家人今后还房贷的钱和孩子上学的钱都有了，一家人还能正常过下去，不至于在情感上遭受重创之后，在物质生活上再受到二次打击。

所谓"站着是台印钞机，躺下是堆人民币"，就是对寿险最好的诠释。

所以寿险非常实用，哪怕你现在收入不高，只要身上背负了对家庭的责任，就一定要配置寿险。

下面从寿险的分类、如何挑选寿险、时下热门产品横评三个方面，教大家如何挑选产品。

1. 寿险的分类

简单回顾一下，寿险大体可以分成三大类：定期寿险、终身寿险、生死两全寿险。

顾名思义，定期寿险就是只保一个固定期限的寿险，比如保到60岁，如果60岁之前不幸去世，保险公司赔钱；

60岁之后去世，不赔钱。

终身寿险是不管未来我们活到多少岁去世，保险公司都赔钱。

生死两全险则是我们在青壮年阶段不幸去世，保险公司赔我们寿险保额；等我们老了，身上没有那么多家庭责任了，保险公司就返还给我们保额，作为养老金。

一般情况下，建议大家选择定期寿险，虽然保险期间不能覆盖一生，但胜在价格便宜，而且刚好满足我们的需求。

作为家庭经济支柱，最需要寿险保驾护航的年龄段是30~60岁，这30年，一般人会出现由房贷、车贷、结婚、子女教育、赡养父母等方面的责任带来的支出，可以是说最"压力山大"的人生阶段。

但60岁之后，一般人房贷还清了，孩子毕业工作了，自己的父母很可能已经去世了，这时候自己身上的家庭责任就轻了很多，只要养活自己就行了，就算此时不幸撒手人寰，也不会对家庭财务造成多大的影响，所以有没有寿险就没那么重要了。

买寿险不在保险期间有多长，一般保到我们60岁左右就够了，关键是配置的保额一定要充足。

至于终身寿险和生死两全寿险，这类产品对于保险公司来说理赔概率是100%，保险公司的精算师也不傻，所以我们就别想占保险公司的便宜了，除非"死"得早，否则一定是亏的。

2. 如何挑选寿险？

寿险的保障内容非常简单，只管生死，所以挑选起来并不复杂，也不容易踩坑。

我们在挑选的时候，重点关注5个维度。

（1）等待期

保险公司为了防止被保险人带病投保，一般会对保障疾病风险的险种设置等待期，等待期内发生保险事故保险公司不理赔，等待期后发生的才赔。

所以，对消费者来说，选择一个等待期更短的产品更有利。

因此，力哥建议大家在挑选寿险的时候，尽可能选择等待期更短的产品，能选 180 天的就不选 1 年的，能选 90 天的就不选 180 天的。

（2）保障内容

寿险的保障内容非常简单，生或死，但近年来很多保险公司为了抢占市场份额，扩大了保障范围，不仅保身故，而且保全残。

为什么要把"全残"也纳入保障范围？

因为被保险人全残之后基本上就丧失了劳动能力，从这个角度来看，跟身故一样，也会导致被保险人收入终止，对家庭经济的影响非常大。

所以建议大家挑选寿险的时候最好翻翻产品的条款，看看它是只保身故，还是既保身故又保全残。

在当下的市场环境中，如果是一个不含全残保障的寿险，我们可以直接放弃。

（3）免责条款

免责条款我们前面讲过，可以简单地理解为保险公司不赔的情况，很多寿险会限制，比如两年内自杀不赔，酒驾身故不赔，投保人故意杀害被保险人不赔，等等。

对我们来说，免责条款越多，不赔的可能性就越高。

因此，在挑选寿险产品时，我们要尽可能选择免责条款较少的产品投保，以提高我们的获赔概率。

（4）健康告知

绝大多数的寿险都有健康告知限制，换言之，我们必须满足产品的健康要求才有资格投保，否则将来即便发生了保险事故，保险公司也有权拒赔。

因此，投保前我们一定要确保自己符合产品的健康要求。而不同产品的健康要求不一样，有的宽松有的严格，这就成了我们挑选产品时需要考察的一个维度。

在其他条件一样的情况下，力哥建议优先选择健康要求宽松的。

（5）价格

在确定等待期、保障内容和免责条款都符合自己的要求之后，剩下的自然就是价格了。

同样的条件，价格自然越低越好，价格越低我们付出的保障成本越少，相信这点不用过多解释。

3. 时下热门产品横评

由于书本从创作到出版需要一定的时间，所以这里的评测只作为一个演示，大家以后在挑选产品的时候可以用同样的方法进行筛选。

力哥挑选了目前市场上最能"打"的三款产品，放在一起横向比较一下（见附表1-1）。

这三款产品，哪个是综合性价比最高、力哥最推荐的？

无疑是瑞泰人寿的瑞和2021。

虽然瑞和的等待期比另外两个长，但它的职业限制、健康告知以及免责条款，在三款产品中都是最优秀的，尤其是它的健康告知，另外两款产品根本无法比拟，这几点综合下来，瑞和2021成了投保门槛最低的产品。

同时，再辅以与其他竞品差不多的价格，综合考量，瑞和2021自然就成了综合性价比最高的产品。

附表1-1 3款热门保险产品横评

产品对比	瑞和2021	定海柱2号	甜蜜家2021
承保公司	瑞泰人寿	鼎诚人寿	华贵人寿
投保年龄	18~60岁	18~60岁	女20/男22~60岁
等待期	180天	90天	90天
职业要求	不限职业	1~6类	1~6类
健康告知	极其宽松	稍严	宽松
免责条款	3条	3条	3条
保障内容	身故/全残	身故/全残	身故/全残 1.一方身故或全残给付1倍保额,另一方豁免未缴保费,保障继续有效 2.夫妻二人因同一意外身故,赔付400%保额
可选保障	1.特别身故/全残保险金 2.航空意外身故或全残保险金 3.恶性肿瘤身故或全残保险金 4.期满返还所交保费	1.私家车意外身故 2.高残保险金	1.减保权 2.终身转换权 3.拆分选择权
智能核保	支持	支持	支持线上邮件核保
保费对比	30岁男女,各100万元保额,缴30年保30年		
男	1 190元/年	1 068元/年	/
女	610元/年	575元/年	/
合计	1 800/年	1 643/年	1 680元/年

对于一些身体小毛病较多或从事高危职业的朋友，除了瑞和 2021，目前看应该没有更好的选择了。

当然，定海柱 2 号和甜蜜家 2021 这两款"昔日王者"，也不是完全没有用武之地。

比如追求极致价格和附加项的可以选择定海柱 2 号，想要夫妻共保的人可以选择甜蜜家 2021，它们各有各的特点，我们按需配置即可。

总的来说，寿险的内容并不多，跟意外险一样非常适合刚入门的保险小白拿来练手，大家在挑选的时候注意重点关注力哥上面说的 5 个维度就可以了。

附录 2

重疾险评测

附录 1 我们讲了如何挑选寿险，整体来说，寿险的保障内容比较简单，挑选起来也比较容易。

附录 2 我们聊聊重疾险，这个就有点儿难度了，让我们看看，最让人纠结的重疾险该怎么挑选。

毕竟重疾险的保险期间是四大险种中最长的，动辄几十年甚至终身，而且保费也是最贵的，我们在挑选时一定要慎之又慎。

我们按照重疾险是什么、挑选重疾险需要注意什么、时下热门产品横评这三个顺序，带大家看看该如何挑选一款适合自己且性价比较高的重疾险。

1. 重疾险是什么？

重疾险，就是保障重大疾病的保险，比如癌症、心肌梗死、脑中风等，只要达到理赔标准，保险公司就一次性赔一笔钱。

由于重疾险的理赔款具有可以自由支配的特点，所以重疾险的理赔款一般除了用于覆盖治疗疾病的费用，还可用于家庭生活开支、误工费和病后康复费用等。

重疾险用处很大，但设计得相对复杂得多，谁都不想每年花几千元甚至上万元，买到的是款坑人的保险产品，下面我们就来看看，挑选重疾险时该从哪几个维度考虑。

2. 挑选重疾险需要注意什么？

（1）健康告知

重疾险保的是重大疾病，保险公司会尽可能筛选健康的客户承保，这样未来理赔的概率才不会太高，所以站在保险公司的角度看，健康告知越严格就越"安全"。

但是，保险公司的健康告知如果设计得太过严格，就会把绝大部分潜在用户挡在门外，没有保费，营收一样不行，因此健康告知十分考验保险公司的产品设计水平。

作为消费者，我们在选择产品的时候自然是健康告知越宽松越好，越宽松意味着我们投保的门槛越低。

（2）疾病数量

重疾险有规定的保障范围，一般为 30 种、50 种甚至 100 种重疾。

是不是数量越多越好？不一定。

其实银保监会为了防止保险公司拿一些罕见病滥竽充数，早在 2007 年就一刀切定了 25 种重疾，也就是说，2007 年之后上市销售的重疾险，一定要保障 25 种重疾，如癌症、急性心肌梗死、终末期肾病等等。

到了 2021 年，又将疾病目录重新修订、改良，扩充为 28 种重疾 +3 种轻症，也就是说自 2021 年 1 月之后上市销售的重疾险，至少要保障 28 种高发重疾和 3 种高发轻症。

这些疾病是由中国医师协会和中国保险行业协会共同制定的，基本上都是目前发病率最高的重大疾病，占到了重疾险理赔的 95% 左右。也就是说，在实际的理赔中，10个得重疾的人大概有 9 个半得的都是这 28 种重疾之一。

因此，比较重疾险的疾病保障数量并没有太大意义，该保的都保了，多出来的都是一些边边角角。

在挑选重疾险的时候，如果两个产品价格一样，那么我们优先选疾病保障数量更多的。但如果有的产品仅仅因为多保了几十种重疾就贵了几百元甚至上千元，就没必要了，这等于变相收取"智商税"。

（3）轻症和中症保障

轻症、中症，其实就是重大疾病的早期现象，但本身也是比较严重的疾病，比如早期恶性肿瘤、单眼失明、单耳失聪、不典型心肌梗死、深度昏迷 48 小时等等。

包含了轻症和中症的重疾险，相当于降低了重疾险的理赔门槛，它能帮我们提前拿到理赔款，尽可能遏制病情的发展，避免疾病恶化成难以治愈的重大疾病。

因此，最好选择含轻症和中症保障的产品，花不了多少钱，却很实用。

这里需要提醒的一点是，轻症的疾病保障范围和重疾保障不同，它只有3种必保疾病，分别是恶性肿瘤（轻度）、较轻急性心肌梗死和轻度脑中风后遗症，但对其他的高发疾病没有硬性要求。

另外，也要关注一下有了轻症和中症保障之后，产品有没有附带轻症、中症豁免。

简单来说，轻症、中症豁免就是确诊得了轻症或中症之后，我们可以免交后续的保费。

比如缴费期是30年，刚缴了5年不幸得了轻症，后面25年的保费就豁免了，保障继续有效，该保到70岁还保到70岁，该保到终身还保到终身，这能减轻我们病后的经济负担，是一种非常人性化的设计。

（4）等待期

在寿险评测中我们说过，等待期相当于保险还没有发挥全部保障效力的期间，对我们来说它越短越好。

给大家一个参考，目前市面上绝大多数重疾险的等待期为180天，少数良心产品可以压缩到90天，进一步降低了我们的风险。

以上便是在挑选重疾险时，我们需要重点关注的几个方面。至于"癌症二次赔付"和"重疾多次赔付"这两项保障，就像我们买房子的时候是选三室一厅好，还是选四室两厅好，我们可以根据自己的预算选择。

这些都附加上保障肯定会更全面、更到位，但价格也肯定更高，预算充足的可以考虑。

至于重疾险的"身故保障"其实没什么意思，它的保障内容是，如果被保险人没有得重疾，直接就去世了，保险公司也可赔保额，确保受益人100%能拿到理赔款。

这看似很好，但有个很大的问题。一般身故保额和重疾保额是共用的，也就是说，如果先理赔过重疾，后面再去世，身故保额要扣掉之前已经理赔的部分。

比如重疾保额是50万元，身故保额是51万元，如果之前已经理赔过50万元重疾保额，将来去世保险公司只赔1万元。

由于有这样的限制，我们还是不能把身故保障"托付"给它，还是得靠单独的寿险来保障，避免发生先得重病后去世的极端情况。

所以建议大家在配置重疾的时候尽量不选身故责任，身故责任单独用寿险保障，各司其职。

3. 时下热门产品横评

经历过2021年的重疾险革新,整个重疾险市场百废待兴,目前产品数量还不是特别多。

针对目前市面上在售的40多款重疾险,力哥优中选优,挑出以下4款,作为今天的横评案例(如附表2-1所示)。

(1)达尔文5号焕新版

达尔文5号是一款非常特别的产品,它的基本保障有4次轻症+2次中症+1次重疾,其中55种轻症,只要每次得的轻症不一样,就能最多获赔4次轻症保额,每次赔30%~40%的保额。25种中症,只要前后两次得的中症不一样,就能获赔2次中症保额,每次赔60%~75%的保额。

注意,这里的轻症保额、中症保额和重疾保额都是独立的,不会因为理赔过轻症,后面得中症或重疾的话就少赔一些。

另外可以附加癌症二次赔付和心脑血管特疾二次赔付,保障内容非常全面。

附表2-1 4款热门重疾险横评

保障内容	达尔文5号焕新版	超级玛丽4号 微信公众号：荔枝保	康惠保旗舰版2.0 人话唠保险	健康保普惠多倍版
承保公司	信泰人寿	信泰人寿	百年人寿	昆仑健康
投保年龄	0~55岁	0~55岁	0~50岁	0~45岁
职业要求	1~4类	1~4类	1~6类	1~4类
保险期间	70岁/终身	70岁/终身	70岁/终身	70岁/终身
缴费期限	趸交/5/10/15/20/30年	趸交/5/10/15/20/30年	5/10/15/20/30年	趸交/10/20/30年
等待期	90天	90天	90天	180天
重疾保障	110种重疾，赔1次，60岁前患病，赔180%保额；晚期重度恶性肿瘤关爱金，额外赔付30%保额	110种重疾，赔1次，60岁前患病，赔180%保额，首次癌症，确诊之日起满1年仍持续治疗，额外赔付15%保额，最多累计领取2年	100种重疾，赔1次，60岁前患病，赔160%保额	100种重疾，不分组，赔2次；第一次，赔100%，前15年赔150%保额；第二次，赔120%保额
中症保障	25种中症，赔2次，每次赔60%保额，60岁前额外赔15%保额	25种中症，赔2次，每次赔60%保额，60岁前额外赔15%保额	20种中症，赔2次，每次赔60%保额	25种中症，赔2次，每次赔60%保额
轻症保障	55种轻症，赔4次，每次赔30%保额，60岁前额外赔10%保额	55种轻症，赔4次，每次赔30%保额，60岁前额外赔10%保额	35种轻症，赔3次，每次赔30%保额	50种轻症，赔3次，每次赔30%保额

续表

保障内容	达尔文5号	超级玛丽4号 微信公众号：荔枝保	康惠保旗舰版2.0 人话唠保险	健康保普惠多倍版
特疾保障	/	/	/	25种特疾，30岁前患病额外赔100%保额
前症保障	/	/	20种前症，赔1次，15%保额	/
豁免	被保险人豁免（自带）投保人豁免（可选）	被保险人豁免（自带）投保人豁免（可选）	被保险人豁免（自带）投保人豁免（可选）	被保险人豁免（自带）投保人豁免（可选）
可选保障	1.癌症二次赔付 2.心脑血管特疾二次赔付 3.身故或全残保险金	1.癌症二次赔付 2.心脑血管特疾二次赔付 3.身故或全残保险金	1.癌症二次赔付 2.身故或全残保险金	1.恶性肿瘤重度医疗津贴 2.身故或全残保险金
保费对比	保（前症）+轻症+中症+重疾，不附加其他选项，缴30年保到70岁			
30岁男	4745元/年	5035元/年		
30岁女	4560元/年	4930元/年		
保费对比	保（前症）+轻症+中症+重疾，不附加其他选项，缴30年保到终身			
30岁男	6900元/年	7345元/年	6575元/年	6610元/年
30岁女	6605元/年	7080元/年	6330元/年	5740元/年
保费对比	保（前症）+轻症+中症+重疾，附加癌症二次赔付（津贴），缴30年保终身			
30岁男	7705元/年	8150元/年	7330元/年	8640元/年
30岁女	7675元/年	8150元/年	7310元/年	8200元/年

达尔文5号最大的亮点是，60岁前不幸患重大疾病，可以额外理赔80%的保额，比如投50万，能赔90万。

这相当于给用户"赠送"了一份保额为40万，保障期限到60岁的定期重疾险。以30岁男性为例，这样的一份保障，市场价在1 500元/年左右。

结合达尔文5号的价格来看，在同类型的产品中，它还是非常具有竞争力的。

另外，达尔文5号的癌症二次赔付保障也比较良心，附加上这份保障的话，不管第一次得的是什么重疾，只要第二次得的是癌症，并且符合间隔期要求，就能额外再赔150%的保额。

也就是说，理赔过第一次重疾保额50万后，第二次如果得癌症能再赔75万！

最后，达尔文5号还有一个隐藏技能，针对晚期癌症患者加强了关怀。如果第一次得重疾，就不幸确诊了癌症晚期，还可以额外获得30%的重疾保额赔付。

因此，不难看出，达尔文5号对于癌症的保障是十分到位的，对于比较看重癌症保障的人来说，是个不错的选择。

（2）超级玛丽4号

其实通过对比保障内容不难看出，超级玛丽4号跟达尔文5号是一对儿亲姊妹，都出自信泰人寿之手。

两个产品的保障内容是非常相似的，区别仅在两个地方：

一是重疾特别责任，达尔文5号给予的癌症关怀是针对癌症晚期患者，而超级玛丽4号给予的癌症关怀是针对患病初期的患者。

只要确诊癌症，前面的两年，每年可以额外赔付15%的保额，加起来一共是30%。

二是价格，由于超级玛丽的重疾特别责任获赔概率相对更高，这也导致保险公司的保障成本有所上升，所以超级玛丽4号的价格要比达尔文5号略高一些。

至于其他的部分，几乎完全一致。

两个产品哪个性价比更高呢？每个人都有自己的看法。如果是力哥自己选择的话，会更倾向于达尔文5号，因为达尔文在60岁前患病就能赔180%的保额，对于我们来说足够了，没有太大必要每年再额外多花几百元去加强癌症的保障。而且现在很多癌症患者，查出来的时候就已经是晚期了，达尔文 5 号的设计也是有一定深意的。

万事万物讲究一个平衡，我们不能一味地为了增加保障而去增加保费支出，够用、合适就可以了。

（3）康惠保旗舰版 2.0

如果前面两个产品都理解了，那么再接触康惠保旗舰版 2.0 就比较简单了。

康惠保旗舰版整体的保障框架跟前面两款产品是类似的，也保轻症 + 中症 + 重疾，其中赔付比例略有区别，重疾是 60 岁前患病，额外赔 60%，而不像达尔文 5 号和超级玛丽 4 号那般，额外赔 80%。

但康惠保旗舰版的优势在于两个方面，一是保障责任灵活，轻症和中症保障可以作为可选项，自由选择附加。

也就是说，我们可以选择只保重疾，也可以选择保轻症 + 重疾，甚至还可以选择不要轻症，只保中症 + 重疾。灵活多变，丰俭由人。

二是康惠保旗舰版 2.0 自带前症保障，这算是市场上的首创。

重疾中的轻症一般是重疾的早期现象，而前症指的是比轻症更轻的疾病，比如肺结节手术。

有了前症的加入，对于被保人来说，相当于进一步降低了理赔门槛，能提高获赔概率，理赔体验更好。

毕竟早发现早治疗，及早地控制病情发展，不管对于被保人来说还是对于保险公司来说，都是好事。

因此，如果比较在意前症保障或希望灵活选择轻症、中症保障内容的话，康惠保旗舰版 2.0 会是一个更好的选择。

（4）健康保普惠多倍版

以上三款产品，在不附加癌症二次赔付这项保障的前提下，都是单次赔付型重疾险。

也就是说，如果理赔过一次重疾，这份保障就结束了。

但问题是现在随着医疗技术的进步，重疾不再等于"绝症"，很多重大疾病是有可能被治愈的，比如乳腺癌、宫颈癌、急性心肌梗死等。

得过一次重疾理赔后，治愈了，以后继续生存下去，还有可能再得重疾，再次面临昂贵的治疗费用。

对于被保险人来说，后续一样需要重疾险的保障，防范不期而至的风险。

怎么办呢？

保险公司自然也看到了市场上的这个需求，便开发了像健康保普惠多倍版这类产品。

相比前面三款产品，它最大的特点是重疾可以最多赔两次，只要前后两次得的重疾不一样就行。

比如因为癌症理赔过一次，间隔一年后，如果得了癌症以外的重疾，还能再理赔一次，极大地满足了我们的需求。

更为关键的是，虽然理赔的次数多了，但价格并没有成倍地上涨。

如果是男性，同样的情况下相比前面几款产品稍贵几百元，而如果是女性，反而还便宜几百元。

所以，通过横向比较，力哥建议如果是女性，可以首选健康保普惠多倍版，更低的价格，更多的赔付次数，无疑是更好的选择。

而如果是男性，则要根据自身情况考虑，是选择60岁前赔得更多的达尔文5号，还是重疾可以赔两次的健康保普惠多倍版呢？

这个没有统一的答案,根据自己的喜好来就可以。

重疾险市场总有好产品登场,至于怎么选,力哥建议先从健康告知看起,不符合健康告知的再好也没用。其次是预算,在符合要求的产品中,选一个保障内容多且价格便宜的即可。

说难不难,说简单也不简单,还是那句话,投保重疾险一定要趁早,否则年纪大了、身体小毛病多了,就不是我们挑保险,而是被保险挑了!

附录 3

百万医疗险评测

百万医疗险，对家庭来说应该是最实用的一类保险了，每天不到 1 元就能获得上百万元的住院报销额度，非常实惠。

无论是意外还是疾病导致的住院，扣除社保/医保已经报销的部分，只要金额高于 1 万元，就能报销。

比如，住院花了 10 万元，经过社保报销后还剩 7 万元，这时我们可以通过百万医疗险报销 6 万元（10 万元 - 3 万元社保已报销部分 - 1 万元免赔额）。

不管当前的经济压力有多大，我们都应该先配置好它。虽然目前它还存在这样或那样的小缺陷，但不可否认，它是一款能雪中送炭的好保险。

下面我们看看挑选百万医疗险的时候应该注意哪些方面，同时看看目前市面上最好的产品有哪些。

1. 挑选医疗险应该注意什么？

（1）保障内容

市面上绝大多数医疗险，保障的都是住院医疗、特殊门诊、门诊手术和住院前 7 天后 30 天的门急诊费用。

而有的产品保障内容比较少，只管报销住院期间的医疗花费，特殊门诊和门诊手术则不保。

看似差异不大，实则有天壤之别，比如尿毒症患者需要的肾透析治疗，如果是非住院期间产生的花费，前者能报销，后者不报销。

（2）续保条件

百万医疗险目前都有一个"硬伤"，就是不能保证终身续保，截至本书写成，市面上的百万医疗险最多只能保证 20 年续保，20 年期满如果没有停售，就可以续保下一个 20 年；而产品一旦停售，保险公司就不再接受续保。

但是绝大多数产品连保证 20 年续保这一点都做不到，只能缴 1 年保 1 年，中途如果产品下架停售了，我们的保障也就中断了。我们要想继续获得保障，就得重新投保其他产品。

这对于身体健康的年轻人没什么影响，但对于身体小毛病较多的中老年人来说却非常不利，一旦中途确诊了什么不大不小的毛病，比如高血压、糖尿病、肺结节之类的，就很难通过新产品的健康告知，百万医疗险的大门也就对他们彻底关上了。

因此提醒大家，挑选产品的时候一定要挑一个续保条件好的，以降低未来的断保风险。

目前比较好的条件是，保证 20 年续保，20 年之内即便产品停售也不影响保障，同时 20 年到期后要是产品停售了，可以免健康告知、免等待期直接续保该公司旗下的其他医疗险。

比如，我们投了某公司的 A 产品，A 产品停售了，我们可以直接续保该公司旗下的同类型的 B 产品。

(3) 免赔额

免赔额就是自己要承担的部分，只有花费超过免赔额，超过的部分才能找保险公司报销。

比如免赔额为 1 万元，住院花了 1.5 万元，可以找保险公司理赔 5 000 元。

很明显，免赔额越低越好，越低我们能理赔到手的钱越多。

目前市面上的百万医疗险的免赔额大多都是 1 万元，如果因为重大疾病住院，就没有免赔额，但不同的产品会有差异。

比如，A 产品是 6 年累计免赔 1 万元，B 产品是每年都免赔 1 万元，C 产品是全家共享 1 万元免赔额，那么大家在选择的时候就要看清楚了。

2. 百万医疗险横评

市面上的百万医疗险很多，同质化很严重，因此值得推荐的并不多。力哥在 119 款产品中优中选优，挑选出以下 4 款产品供大家参考（如附表 3-1 所示）。

附表3-1 4款热门百万医疗险横评

产品对比	好医保长期医疗（6年版）	好医保长期医疗（20年版）	平安e生保（保证续保版）	尊享e生2020
	微信公众号：荔枝保		入谱啰保险	
承保公司	中国人保	中国人保	平安健康	众安财险
投保年龄	0~60岁	0~60岁	0~60岁	0~60岁
职业要求	除部分高危职业	除部分高危职业	除部分高危职业	1~4类
等待期	30天	90天	30天	30天
保障内容	特殊门诊、门诊手术、住院前7天	住院医疗花费报销（手术费、药品费、检查费等）		
一般医疗	报销上限：200万元/年	报销上限：400万元/年	报销上限：200万元（好医保20年版为30天）后30天门诊花费报销	报销上限：300万元/年
重疾住院	报销上限：400万元/年	报销上限：400万元/年	恶性肿瘤报销上限：400万元/年	报销上限：600万元/年
续保政策	保证6年续保	保证20年续保	保证6年续保	缴1年保1年
免赔额	6年累计免赔1万元 重疾0元免赔	每年1万元	每年1万元	每年1万元 重疾0元免赔
医院要求	二级及以上公立医院普通部			
其他保障	1.初次确诊重疾，给付1万元重疾津贴 2.质子重离子治疗报销 3.赴日治疗（可选）	1.初次确诊重疾，给付1万元重疾津贴 2.质子重离子治疗报销 3.赴日医疗（可选）	1.初次恶性肿瘤津贴，1万元 2.恶性肿瘤豁免保费	1.质子重离子治疗报销 2.重疾住院津贴（可选） 3.赴日医疗（可选） 4.确诊重疾保险金（可选）

续表

产品对比	好医保长期医疗（6年版）	好医保长期医疗（20年版）	平安e生保（保证续保版）	尊享e生2020
		微信公众号：荔枝保	人话防保险	
增值服务	1.就医绿色通道 2.住院医疗垫付 3.外购药	1.就医绿色通道 2.住院医疗垫付 3.外购药（报销比例为90%，免赔额与住院医疗共享，每年1万）	1.就医绿色通道 2.恶性肿瘤保费豁免	1.就医绿色通道 2.住院医疗垫付 3.外购药 4.术后家庭护理服务
保费对比		首次投保，有社保（元/年）		
0岁	609	男：545 女：545	1094	756
10岁	196	男：196 女：196	444	256
20岁	128	男：149 女：157	217	186
30岁	259	男：259 女：286	364	293
50岁	856	男：1052 女：896	1101	896
60岁	1568	男：2139 女：1648	/	1456

（1）好医保长期医疗（6年版）

作为支付宝独家定制的产品，好医保长期医疗自登场以来，就稳坐百万医疗险老大的宝座，数千万人投保，可以说是目前支付宝最火的保险产品。

它的优势很明显，价格便宜、保证6年续保、保障全面，没有什么明显的硬伤和短板，综合实力确实很不错。

截至本书写成，只要是0~60岁的粉丝问力哥推荐什么医疗险，力哥都会毫不犹豫地推荐它。

（2）好医保长期医疗（20年版）

好医保长期医疗（20年版）是支付宝继好医保长期医疗（6年版）之后推出的迭代产品，将保证续保的优点进一步放大，把保证续保期延长到了20年。

20年内，无论理赔与否、生病与否，只要正常缴费，就能正常续保，不用担心因为停售而导致断保。

不过由于20年的超长续保期，给保险公司带来的风险更大，一不小心就会陷入"死亡螺旋"，所以保险公司在设计产品的时候策略更加保守。

整体来看，20年版的保障内容要想比6年版的逊色一点儿，同时价格也稍贵一点儿。

建议大家在选择的时候，要根据自身的身体状况和年龄，年纪大的要更加注重产品稳定性，选择 20 年版的更好，而年轻且身体健康的，可以更加关注产品的性价比，6 年版的更优。

（3）平安 e 生保（保证续保版）

平安 e 生保是百万医疗险中的元老，从最初的 e 生保基础版，到 e 生保 plus，再到保证续保版，进步也很快。

不过由于品牌溢价的问题，它并不便宜，而且保障内容也不及表格中的另外三款给力。

比如，不支持外购药的报销，像有些肿瘤特效药，医院的药房没有库存得到外面的药店购买才行，平安 e 生保（保证续保版）便不能报销这类药。

再比如质子重离子这种癌症治疗方式，其他三款产品支持报销，平安 e 生保（保证续保版）不支持。

因此，平安这款产品并不是力哥首推的，它最大的优势在于核保门槛，如果有人因为确诊抑郁症、肺结节、乙肝等异常，被很多保险产品拒之门外，那么可以尝试一下平安 e 生保（保证续保版）。

（4）尊享 e 生

如果说平安 e 生保（保证续保版）是百万医疗险中的元老，那么尊享 e 生可以说是百万医疗险中的奠基者，百万医疗险现在之所以这么火，就是因为当初尊享 e 生打响了这一招牌。

自登场到现在，这款百万医疗险已经升级了十几次，非常具有代表性。

不过由于本身是财险公司承保，受制于监管的限制，它无法承诺保证 6 年续保，只能缴 1 年保 1 年，因此在续保稳定性上稍差了一点儿，适合作为备选考虑。

总的来说以上 4 款产品闭着眼挑都不会错，如果非要选一个，力哥建议重点考虑好医保长期医疗，尤其是 6 年版，它的综合性价比是最高的，更适合大多数人。

附录 4

意外险评测

经过正文的介绍，相信大家对意外险都有了一个大概的印象。力哥多次说过，意外险对保险小白最友好，价格低，保障简单，非常适合小白练手，给自己配置人生的第一份保险。

一年一两百元，缴一年保一年，即便买错了，也不会造成太大的损失。

俗话说，"人在江湖飘，哪能不挨刀"，你如果还不知道怎么为自己挑选一份合适的意外险，就仔细阅读一下下面的内容。

1. 意外险是什么？

意外险，从字面就能看出来，是保障意外事故的。它主要的保障内容有三点，分别是意外身故、意外伤残和意外医疗费用的报销。

如果因为意外导致身故，则一次性赔付一笔钱，比如 50 万元或 100 万元；如果因为意外导致伤残，则根据伤残等级进行赔付，越严重赔的越多；而如果因为意外产生医疗费用，那么可以凭发票报销。

以上基础的三项保障内容，互相不冲突，比如因意外致残，既可以报销治疗的花费，又可以根据伤残等级获得一次性赔付。

那什么才叫"意外"？意外生病算不算意外？

是否属于"意外"有一个判断标准，通常来说需要同时满足 4 个条件：突发的、外来的、非疾病的、非本意的。

像意外感冒、意外得癌症，因为是疾病，所以都不在意外险的保障范围之内，这点要注意。

另外还需要注意的是，一般猝死和中暑也不属于意外，因为它更多地跟个人身体健康状况有关，属于疾病的范畴。

2. 挑选意外险需要注意什么？

（1）保障责任

意外险的保障内容并不复杂，但在挑选产品时一定要看仔细，意外身故、伤残、意外医疗费用报销，这三项基础责任一个都不能少。

有的产品也保意外伤残，但要求达到最高的伤残级别才能赔，要求非常严格，挑选的时候一定要仔细谨慎。

另外，意外分综合意外和特定意外，综合意外险就是什么意外事故都管，既可以保走路崴到脚，也可以保车祸伤残。而有的意外险只保交通事故导致的意外，日常生活中的意外都不管。

因此，挑选的时候要注意，优先选择综合意外险。

（2）意外医疗的报销门槛

意外险大多可以报销因意外事故导致的医疗费用，但不同的产品报销门槛不一样，会涉及两个问题，分别是免赔额和报销范围。

免赔额就是保险公司不赔的部分，对于我们来说它越低越好，比如免赔额是 100 元，那么因意外导致的医疗花费超过 100 元才能报销，比如花费 150 元，报销 50 元。

其次是报销范围，最好选择不限社保用药的产品，可以报销社保目录外的药品花费，这点对于意外发生概率较高的小朋友尤其重要。

比如小朋友在小区楼下逗猫逗狗被抓伤或咬伤需要打狂犬疫苗的时候，选择不限社保用药的产品，可以报销进口疫苗的花费，限制会小很多。

（3）是否包含"猝死"保障

上面力哥提到过，猝死并不属于意外的保障范畴，它大多是心脏的问题导致的，算是一种急性病。

但近年来，随着互联网公司的兴起，996（指早上 9 点上班，晚上 9 点下班，一周工作 6 天的工作制度）的现象越来越多，时不时我们就会看到某某大公司又有员工因为加班而猝死的新闻，每每听到这些我的心都会为之一颤。

所以，市面上有些保险公司与时俱进，在自家的意外险产品中，专门添加了"猝死"保障，即使发生猝死，也能理赔。

因此，如果你平时工作强度较高，在为自己挑选意外险的时候，最好重点挑选含猝死保障的产品。

（4）职业限制

意外险保障的是意外，而不同的职业所处的环境，意外发生的概率并不一样，如果统一定价，会对意外发生概率较低的群体不公平。

因此，保险公司在设计意外险的时候，按照不同的职业风险等级做了划分，一般分保1~3类职业的和保4~6类职业的产品。

1~3类职业是大多数人从事的工作，如办公室文员、商场销售等，外出不多，风险较低。

而4~6类职业相对危险，比如防暴警察、矿井矿工、消防员等，风险较高，意外保障成本相对较高。

因此，我们在挑选产品的时候，当务之急是先判断自己是否符合该产品的投保条件，确定符合了再进行下一步，否则产品再好我们也不能买，或者买了也不一定能正常获赔。

(5)年龄限制

跟职业限制一样,不同的产品对年龄的限制也是不一样的。市面上的保险产品大致将意外险分为几个年龄段,分别是 0~17 岁、18~65 岁、66~85 岁。

很明显,0~17 岁属于少儿意外险,18~65 岁属于成人意外险,66~85 岁则是老年人意外险,大家在选择的时候对号入座即可。

3. 产品横评

力哥在 117 款保险产品中挑选出 3 款"王中王"产品,它们互相竞争比较激烈,我们在它们之间做一下横评(如附表 4-1 所示)。

60 岁以内的,建议优先考虑大保镖和大护甲 B 款(名字都很有意思)。

附表4-1　3款热门意外险横评

成人意外险	大保镖尊享版	大护甲B款尊贵版	人保高危职业
	微信公众号：荔枝保　人话唠保险		
承保公司	大地财险	大家保险	人保财险
投保年龄	18~60岁	18~60岁	18~55岁
职业要求	1~3类	1~3类	1~6类
意外身故	50万元	50万元	30万元
意外伤残	50万元 （按伤残等级赔付）	50万元 （按伤残等级赔付）	30万元 （按伤残等级赔付）
意外医疗报销	门诊/住院：5万元 免赔额100元 报销比例80% 限社保用药	门诊/住院：5万元 免赔额100元 经社保报销，100% 未经社保报销，80% 限社保用药	门诊/住院：3万元 免赔额100元 报销比例90% 限社保用药
住院津贴	150元/天 无免赔天数	/	/
猝死	25万元	30万元	/
航空意外	额外赔50万元	额外赔100万元	/
综合交通意外	额外赔30万元	额外赔50万元	/
保费对比	158元/年	158元/年	999元/年

两款产品的价格一样，都是158元/年，主要是在意外医疗报销、住院津贴、猝死保障三个方面有点儿小区别。

意外医疗报销，大保镖的报销比例是80%，而大护甲的是100%，大护甲的更好。

住院津贴，大保镖扳回一城，意外住院的话，每天有150元的津贴，大护甲则没有这个津贴。

猝死保障，两者额度也有一点儿差别，大保镖是25万元，大护甲是30万元。

具体哪个更好，并不是绝对的，大家可以根据个人喜好选择，实在纠结的，可以根据自己的工作强度考虑，强度大的选大护甲，强度小的选大保镖。

而如果是从事高风险职业的人，就只有人保的高危职业意外险可以选择了。它支持5、6类职业的人投保，非常难得。由于职业风险高，意外险的理赔率会更高，因此价格会贵不少。

意外险跟寿险一样，是价格非常低廉的险种，一年只需要一两百元，就算是刚入门的小白也不容易买错，建议大家把它作为自己人生中的第一份保险考虑。待到对保险知识更熟悉后，再逐步向百万医疗险、寿险、重疾险扩展。

记住，保险宜做加法而不是减法，如果在自己还懵懵懂懂的时候就一次性配置齐全了，万一有什么搭配不合适的，再想调整就非常困难了！

希望通过以上产品测评,读者朋友们能够掌握购买保险产品的关键思路,不盲目听信保险代理人的说法,也不跟风买保险,真正买到适合自己和家庭的好产品。